Bernhard Siever, Volker Schult

Abenteuerlust und Fernweh

Bernhard Siever, Volker Schult

Abenteuerlust und Fernweh

Deutsche Spuren in Asien

ATE

Gedruckt auf alterungsbeständigem Werkdruckpapier entsprechend
ANSI Z3948   DIN ISO 9706

Bibliografische Information der Deutschen Nationalbibliothek
Die Deutsche Nationalbibliothek verzeichnet diese Publikation in der Deutschen Nationalbibliografie; detaillierte bibliografische Daten sind im Internet über http://dnb.d-nb.de abrufbar.

ISBN 978-3-89781-224-6

AT Edition Münster   2013
Auslieferung/Verlagskontakt:
Fresnostr. 2 D-48159 Münster   0 251-20 07 96 10
E-Mail: ate@at-edition.de   http://www.at-edition.de

Inhaltsverzeichnis

Vorbemerkungen	7
Eine Idee entsteht ...	8
I. Orient – Abenteuer am Roten Meer und Bosporus	20
1. Wie alles anfing...	20
2. Unterwegs auf der Arabischen Halbinsel	28
3. Die kaiserliche Flotte im Roten Meer	46
4. Seine Majestät im Orient	60
5. Rückkehr nach Arabien	85
II. China – Drei Tage in Peking	94
1. Wilhelms Griff nach China	95
2. Spurensuche in Peking	119
3. Als ein Deutscher in Peking herrschte	131
4. Mein letzter Tag in China	172
III. Südostasien – Gefährliche Tropen	182
1. Manila – Umkämpfte Perle des Orients	182
2. Boracay - Trauminsel und Alptraumflug	210
3. Langkawi – Ein tropisches Paradies als deutscher Marinestützpunkt?	218
4. Singapura – Die Löwenstadt	230
Ausklang am Bosporus	262
Literaturverzeichnis	265
Abbildungsverzeichnis	273

Vorbemerkungen

In dem vorliegenden Buch werden persönliche Erlebnisse (vornehmlich von Bernhard Siever) und historische Ereignisse (vornehmlich von Dr. Volker Schult) miteinander verwoben. Zur besseren Orientierung für den Leser sind die von Bernhard Siever verfassten Teile kursiv gesetzt worden.

Um den authentischen Charakter der historischen Darstellungen weitest möglich zu erhalten, wurden die Orts- und Eigennamen aus den Dokumenten übernommen und auf eine Aktualisierung der Schreibweise weitgehend verzichtet.

Wir danken den Lektoren der AT Edition Jan Tosberg und Wiebke Radke für die geduldige und kompetente Hilfe bei der Erstellung dieses Werkes. Ein besonderer Dank gilt auch Svenja Siever, die mit viel Kreativität und trotz „G8-Stress" die Farbtupfer in diesem Buch setzt und die drei Kapitel mit Illustrationen einleitet, die genau das beim Leser wecken sollen, was der Titel dieses Werkes verspricht: Abenteuerlust und Fernweh.

Eine Idee entsteht...

Juli 2007 – ein sonniger Sonntagmorgen mitten im tiefsten Pfälzer Wald. Es herrscht eine Ruhe und Beschaulichkeit, wie sie in dieser Form wohl nur in der deutschen Provinz möglich ist. Stelzenberg, eine dörfliche Idylle unweit der Fußballhochburg Kaiserslautern. Ich blicke irritiert auf ein Stück bis an die Schmerzgrenze zurechtgestutzter Natur, eine gepflegte Gartenanlage, die kein Klischee deutscher Spießigkeit auslässt: Zwischen Stiefmütterchen und Hyazinthen, Buchsbaum und Nordmanntanne werden die roten Häubchen der Gartenzwerge sichtbar, die verstreut über den vorschriftsmäßig gekürzten Rasen ihr feistes Lächeln erkennen lassen. Der neu angelegte Springbrunnen plätschert. Leicht verdeckt von immergrünen Pflanzen, wie man sie vorwiegend auf Friedhöfen antrifft, überrascht der pfälzische Gartendesigner den zunächst doch verdutzten Beobachter dann immerhin noch mit einigen klotzigen japanischen Steinpagoden, die sich mehr oder weniger harmonisch in dieses Ambiente einfügen müssen.
Der Kaffeeduft, der plötzlich die Luft erfüllt, ändert meine doch ein wenig in Mitleidenschaft gezogene Gemütslage langsam. Ein beruhigendes Gefühl der Sicherheit und Behaglichkeit breitet sich aus, die wohlgeordnete Kleinbürgerlichkeit wirkt nun zutiefst beruhigend. Flankiert von den einsetzenden Kirchenglocken bittet dann mein Gastgeber zu Tisch: Ein typi-

sches deutsches Frühstück erwartet mich und lässt mein Herz höher schlagen.

Ein „typisches deutsches Frühstück" wirkt deshalb so betörend auf mich, weil ich im Sommer 2007 nun bereits 21 Jahre in Asien lebe und diese kulturelle Besonderheit unseres Kulturkreises trotz der ansonsten exquisiten asiatischen Küche tatsächlich etwas ist, was ich zuweilen schmerzlich vermisst habe. Mein Gastgeber ist Dr. Volker Schult, der wie ich eine ausgeprägte Affinität zu Asien hat. Wir haben uns Ende der neunziger Jahre in Singapur kennengelernt, wo wir mehrere Jahre lang gemeinsam Kollegen an der Deutschen Schule gewesen sind. Während ich aber immer noch in Singapur bin und lediglich meine Sommerferien in Deutschland verlebe, arbeitet Volker seit mehreren Jahren schon wieder als Gymnasiallehrer an einem Gymnasium in der Nähe von Kaiserslautern.

Ich erinnere mich noch genau, wie Volker an seinem ersten Schultag an der Singapurer Schule auf den leeren Stuhl neben mir im Lehrerzimmer zusteuert, entsinne mich noch, wie mir sein verschmitztes Lächeln und sein treffender ironischer Ton von Anfang an gefallen haben. Zwei ursprünglich aus Norddeutschland stammende Geschichtslehrer, die sich schnell verstehen. Unsere Interessen sind sehr ähnlich, scheinbar auch gewisse äußere Merkmale. Es kommt durchaus vor, dass uns Schüler miteinander verwechseln. Wir mögen die gleiche Musik, besuchen denkwürdige Konzerte von Deep Purple und Uriah Heep im Fort Canning Park in

Singapur. Auch die deutsche Krautrock-Band Jane aus Hannover gehört zu unseren gemeinsamen Favoriten. Als leidenschaftliche Fußballfans mögen wir beide die „Roten", Volker die „Roten Teufel" vom Betze, ich die „Roten" von Hannover 96. Außerdem teilen wir eine gemeinsame Leidenschaft in unserem Beruf: den Schülern das Fach Geschichte so interessant wie möglich zu vermitteln. Während einer Projektwoche versuchen wir gemeinsam die Jugendlichen für die „Geschichte Singapurs" zu begeistern, nicht ohne Erfolg. Bei einer Fortbildungsveranstaltung auf den Philippinen, an der wir beide teilnehmen und Volker als Referent auftritt, wird endgültig deutlich, dass es eine Sache gibt, die mehr ist als nur ein gemeinsames Interesse, es ist so etwas wie eine Passion, die unser Leben zutiefst prägt: die Faszination für Asien.

Als wir an diesem Sonntag zusammensitzen und ich genussvoll die letzte kulinarische Köstlichkeit dieses Morgens, ein dick bestrichenes Nutellabrötchen, genossen habe, kommen wir wieder auf diese Begeisterung für Asien zu sprechen. Volker drängt es erneut ins Ausland, er will wieder zurück nach Asien, aus einem vagen Gefühl sind immer konkretere Versuche geworden. Und auch wenn sich Bewerbungen in Hongkong und Kuala Lumpur zerschlagen, wird der verführerische Lockruf Asiens immer unüberhörbarer.

Bei mir ist es anders: Ich bin Permanent Resident in Singapur, habe eigentlich vor, ganz in dem tropischen Stadtstaat zu bleiben, der mein Zuhause geworden ist. Die Ehe mit meiner chinesischen Frau kriselt zwar, aber meine beiden Kinder Svenja und Sebastian, die in Peking bzw. Singapur geboren sind, und ich lieben das Leben in den Tropen. Dennoch mache ich mir in diesen Monaten doch Gedanken über eine Rückkehr, eine Rückkehr aus rationalen Gründen, vor allem vor dem Hintergrund einer dann noch möglichen Verbeamtung. Volkers und meine Wege überschneiden sich in dieser Zeit, aber Asien ist und bleibt in unseren Herzen.

Plötzlich ist die Idee da. Keiner weiß mehr so ganz genau, wie es passiert ist, aber plötzlich wird sie ein Thema an diesem Sonntag. Es ist eine Idee, die uns nicht mehr loslässt. Wir beginnen uns die Köpfe heiß zu reden, Ideen fangen an zu sprudeln, eine rastlose Begeisterung erfasst uns. Wir wollen ein Buch schreiben, ein Buch, das unseren Enthusiasmus für Asien zu Papier bringt. Da ist einmal Volker, der sich bereits seit langem auch wissenschaftlich mit der Geschichte Asiens beschäftigt und da bin ich, der nach über zwei Jahrzehnten Asienerfahrung eine ganz persönliche Geschichte erzählen kann. Beide haben wir ein besonderes Verhältnis zum Schreiben: Volker hat zahlreiche Bücher und Artikel über Asien verfasst, auch ich veröffentliche immer wieder kleinere Beiträge. Auch zum Thema Asien habe ich zu diesem Zeitpunkt bereits einige angefangene

Kapitel in der Schublade liegen. Warum also nicht ein Buch über Asien schreiben, in dem wir historische Ereignisse und persönliche Erlebnisse miteinander verknüpfen?

Für uns beide beginnt das Abenteuer Asien Mitte der achtziger Jahre. Während meines Referendariats in Emden bekomme ich das überraschende Angebot, als Gymnasiallehrer an der Deutschen Schule Djidda in Saudi Arabien zu arbeiten. Aus den zunächst anvisierten zwei Jahren Asien werden dann schließlich 22 Jahre. Nach sechs Jahren in Djidda gehe ich für weitere sechs Jahre an die Deutsche Schule Peking und dann noch einmal für ein ganzes Jahrzehnt an die Deutsche Schule Singapur. Vorher gibt es in meinem Leben wenig Affinität zu Asien, allerdings ist da von Kindheit an eine große Lust auf die weite Welt. Bereits mit vier Jahren erklärt mir Michael Teichmann, ein Nachbarjunge in Grebenstein, einem Ort in Nordhessen, dass er den Weg nach Amerika kenne. Ich glaube ihm, immerhin ist er mehr als zwei Jahre älter als ich. Also ziehen wir los. Wir verlassen den Ort, erreichen die Schrebergärten. Ich kann nicht voll abschätzen, wie weit der Weg noch ist – aber unser USA-Trip wird jäh beendet, als uns mein Vater mit dem Auto wieder einsammelt und mir eine unvergessene Standpauke hält. Damit ist meine Abenteuerlust aber keineswegs befriedigt. Als Jugendlicher lese ich die legendären Bücher von Heinz Helfgen, der Anfang der fünfziger Jahre die Welt umradelt und später zum Nordpol trampt. Meine Versuch, nach dem Studium mit einer christlichen Entwicklungshilfeorganisation nach Afrika oder Südamerika zu gelangen, scheitern. Meine Reisen beschränken sich auf Europa, eine Interrailreise, die mich und meine damalige Freundin nach Marokko führen soll, ist zwar voller reizvoller Erlebnisse, aber wir bleiben schließlich doch an der Südküste Portugals hängen. Mein Interesse an der Welt, mein Traum einmal ganz weit weg von Deutschland zu leben, bleibt aber lebendig – deshalb ergreife ich auch 1986 ohne großes Zögern und erfüllt von Abenteuerlust und Fernweh die Chance und mache mich auf nach Asien.

Volker besucht 1984 im Rahmen seines Lehramtsstudiums an der Universität Kiel zu einem für einen Studenten unüblichen Zeitpunkt - an einem späten Freitagnachmittag - ein Seminar über das moderne Südostasien, um den konventionellen Inhalten des Geschichtsstudiums zu entfliehen. Unmittelbar an sein Examen schließt sich ein Promotionsstudium in Passau in Südostasienwissenschaften an, währenddessen sich Volker im Rahmen einer Feldstudie zu Forschungszwecken ein knappes Jahr auf den Philippinen aufhält. Kurz nach seiner Verbeamtung will er wieder nach Asien, bewirbt sich und bekommt als erstes Angebot Stockholm, enttäuscht lehnt er ab. Dann erreicht ihn wieder Post – und diesmal wird ihm eine Stelle in Singapur angeboten, Volker sagt begeistert zu. Bereits seine Arbeit zum Ersten Staatsexamen hat das Thema „Amerikanischer Imperialismus und die Philippinen", dabei verdeutlicht ihm sein Professor, dass in den Philippinen einst auch das Deutsche Reich Interessen hatte.

Seine Aufmerksamkeit gilt von nun an besonders dem deutschen Imperialismus in Asien.

Weltpolitik wollte das junge Deutsche Reich unter seinem ebenso jungen Kaiser Wilhelm II. betreiben, was nichts anderes war, als ein Überall-dabei-sein. Mit der Besetzung von Tsingtao 1897 und dem Erwerb der Südseeinselgruppen der Karolinen und Marianen 1899 erreichte das wilhelminische Reich seine größte Ausdehnung. Man neidete Großbritannien seine Weltmachtstellung und wollte als ebenbürtige Großmacht allseits anerkannt werden.

Um die Jahrhundertwende herrschte ein ausgeprägter Optimismus mit einer dynamischen Entwicklung in allen politischen und gesellschaftlichen Bereichen vor. Wilhelms Ausspruch „Ich führe Euch herrlichen Zeiten entgegen" schien Wirklichkeit zu werden. Technischer Fortschritt, Erfindungen, Mobilität, eine rasante verkehrstechnische Entwicklung und eine internationale Vernetzung des Handels führten zu einem gewaltigen Globalisierungsschub, der erst wieder in unserer Gegenwart erreicht werden sollte.

In diesem Buch sollen keine theoriehaltigen geschichtswissenschaftlichen Strukturanalysen vorgenommen oder diskutiert werden. Im Zentrum steht vielmehr die menschlich-individuelle Komponente; Individuen die entweder als Agierende oder Getriebene die historischen Entwicklungen mitgestaltet, gar maßgeblich beeinflusst oder aber erduldet haben. Auf diese Weise soll ein möglichst anschauliches Bild vom damaligen Leben in Übersee, in Asien, entstehen. Es soll ein Bild sein, in dem große und kleine Leute in historisch bedeutenden oder eher alltäglichen Situationen präsentiert werden. Es geht um Menschen in ihrer Zeit mit ihren jeweils teilweise ganz persönlichen Erlebnissen und Erfahrungen. Alle diese historischen Darstellungen, seien es die politisch-militärischen Entwicklungen oder die alltäglichen Erlebnisse Deutscher in Asien auf dem Höhepunkt wilhelminischer Weltpolitik um 1900, basieren auf umfangreichem und teilweise wenig bekanntem Quellenmaterial. Das daraus entstandene Bild von Asien um 1900 wird mit persönlichen und gegenwartsbezogenen Erlebnissen einhundert Jahre später verwoben, um der Leserschaft einen möglichst anschaulichen Einblick in den facettenreichen, faszinierenden und geheimnisvollen Kontinent Asien in Geschichte und Gegenwart zu ermöglichen.

Auch die heutige Zeit ist geprägt von Dynamik, Technikgläubigkeit, Mobilität oder, kurz gesagt, durch die Globalisierung. Aber auch Befürchtungen, Ängste, Krisen, teilweise sehr individueller Art, kennzeichnen unsere Zeit. Nichtsdestotrotz fasziniert das Fremde nach wie vor, zieht einen in seinen Bann. Dies gilt besonders für den asiatischen Raum, der über eine Vielzahl Jahrtausende alter Kulturräume verfügt, von Konstantinopel, dem heutigen Istanbul, über die Wüsten Arabiens und dem magischen China bis hin zu dem tropischen Südostasien.

Asien, jeder verbindet etwas anderes damit, wenn er dieses Wort hört. Asien, für die meisten Menschen bedeutet es Fremdheit, aber auch Faszination. Faszination von den Menschen, die dort leben; Faszination von uralten Kulturen und Religionen; Faszination von Flora und Fauna.

Nicht anders war es für die deutschen Zeitgenossen um 1900. Deutsche gingen in die Welt hinaus, gingen nach Asien, kannten Karl Mays Schilderungen des Orients, sahen das Bagdad von Tausendundeiner Nacht vor sich, der Harem des Sultans löste wuchernde Fantasien aus, das chinesische Riesenreich blieb ein faszinierendes Rätsel, die Tropenwelt Südostasiens weckten Sehnsüchte, die philippinische Inselwelt war so fremd und weit entfernt wie der Mond - und doch war man auf der Suche nach dem tropischen Paradies.

Asien von Konstantinopel bis Peking zog die Menschen in seinen Bann; heute heißen die Städte Istanbul und Beijing. Nur andere Namen, die Faszination aber bleibt. Auch wir sind fasziniert von Asien. Auch für uns ist es Rätsel und Paradies zugleich. Auch für uns sind die asiatischen Jahre in vielerlei Hinsicht prägend gewesen. Darum erzählen wir davon, wollen unsere Leser mitnehmen auf eine Reise, die uns von der Türkei ans Rote Meer führt, von dort nach China, Shanghai und Peking und die schließlich im tropischen Südostasien, in Manila, auf Langkawi und in Singapur endet. Wir bereisen die Strecken von Istanbul nach Peking (7000 Kilometer), von Peking nach Singapur (4500 Kilometer) und von dort nach Manila (2500 Kilometer). Gewaltige Entfernungen. Doch ganz individuelle und unterschiedliche Erlebnisse in Geschichte und Gegenwart lassen den Kontinent Asien auf einmal überschaubar werden und rücken die menschliche Komponente ins Zentrum.

So begeben wir uns also auf deutsche Spuren in Asien, um vergessene oder unbekannte historische Ereignisse wieder neu in das Bewusstsein der Öffentlichkeit zu rücken, aber auch um die Faszination dieses Kontinents durch persönliche Erlebnisse dem geneigten Leser näher zu bringen. Für die Zeitgenossen im wilhelminischen Zeitalter gingen die asiatischen Jahre mit dem 1. Weltkrieg zu Ende. Für die Autoren bedeutete das erste Jahrzehnt im neuen Jahrtausend ebenfalls - zumindest vorerst - das Ende ihrer asiatische Jahre. Aber in jedem Ende liegt ein neuer Anfang. Darum auch schließt das vorliegende Buch mit einem optimistischen Ausblick.

I. Orient – Abenteuer am Roten Meer und am Bosporus

Wie alles anfing...

September 1986. Es ist mir bewusst, dass etwas ganz Neues beginnt. Tief in mir spüre ich etwas, das bisher noch nie da war, eine Ahnung, dass doch alles kein Traum ist, das Gefühl, mich auf ein Abenteuer eingelassen zu haben, dessen Ausgang offen ist. Die vielleicht erste richtige Herausforderung meines Lebens beginnt und ich habe schon einige Zweifel, ob ich sie bestehen kann... Meine Naivität ist groß.
Ich sitze in einer Lufthansa-Maschine von Hamburg nach Djidda. Djidda? Habe ich vorher von diesem Ort gehört? Mein ansonsten sehr informierter und gebildeter Großvater tippte auf eine Stadt in Ostafrika, als ich ihm den Namen das erste Mal nannte und verwechselte Djidda wohl mit Djibouti. Ich habe einen Zwei-Jahres-Vertrag in der Tasche und werde an der Deutschen Schule Djidda im Königreich von Saudi-Arabien unterrichten. Djidda am Roten Meer. Ein „Zweijahresabenteuer" nimmt seinen Anfang. Denke ich. In Wirklichkeit beginnt viel mehr, ist der heutige Tag ein Einschnitt in mein Leben, der viel tiefer geht, als ich in diesem Moment auch nur ansatzweise wissen kann. Es ist die Zäsur in meinem Leben, der

Anfang einer großen Leidenschaft, die mein Leben zutiefst prägen wird, eine Liebe, die sich nicht nach zwei Jahren wieder abschütteln lässt, sondern mich nie mehr loslassen wird. Aus dem Flirt mit der Exotik einer Welt, die ich aus Kinder- und Jugendbüchern kenne, wird sich eine aufwühlende und zermürbende, inspirierende und fordernde Beziehung entwickeln, die aus mir einen anderen Menschen machen wird. Zugleich ist dies ein Abschied von Europa und Deutschland, ein Abschied, der etwas Endgültiges hat, doch davon habe ich zu diesem Zeitpunkt noch keine Ahnung.

Ich bin 28 Jahre alt, seit einem Monat verheiratet und seit wenigen Stunden habe ich einen Beruf. Ich bin seit gestern Abend, als ich die letzte Prüfung im Rahmen des Zweiten Staatsexamens bestanden habe, Gymnasiallehrer für Deutsch und Geschichte, eigentlich ein Fall fürs Arbeitsamt. Doch das Schicksal führt mich nun in die arabische Wüste, gemeinsam mit Brigitte, 29 Jahre alt, die bereits einen Tag länger als ich Lehrer ist – seit vorgestern. Wie ist es dazu gekommen? Vor wenigen Monaten hat ein folgenreiches Gespräch mit einem Herrn Diekmann stattgefunden. Peter Diekmann, Schulleiter an der Deutschen Schule Djidda, besuchte seinen Freund Otto in Ostfriesland. Otto Bürckner, meinen Schulleiter am Gymnasium am Treckfahrtstief in Emden, kannte er aus gemeinsamen Jahren in Ägypten, wo die beiden an der Deutsch-Evangelischen Oberschule Kairo unterrichtet hatten. In diesem Moment *muss ich wieder an die Umstände dieser schicksalsträchtigen Begegnung denken.*

Ich betrete das Schulleiterzimmer und sehe mich einem älteren Herrn gegenüber, der mich herausfordernd, aber freundlich ansieht. Er ist braun gebrannt, wirkt sehr ruhig und überlegen, er fixiert mich genau, ohne mich dabei anzustarren. Ohne Zweifel ist er ein Wüstenfuchs, man kann ihn sich sofort in einer arabischen Wüstenlandschaft vorstellen, sein Wesen scheint etwas von einem Beduinen zu haben. Er liebt Geschichten. Oder besser gesagt, er liebt es, Geschichten zu erzählen und hört sich dabei fasziniert selber zu. Der Kern einer Geschichte bleibt immer erhalten, so finde ich später heraus, aber seine Versionen wechseln je nach Zuhörer und Stimmung. Wir sitzen uns gegenüber, und er erzählt Geschichten. Ich, der unbedarfte Referendar, lausche und bin beeindruckt. Ich muss kein Interesse heucheln, es ist atemberaubend, ihm zuzuhören. Ein Vorstellungsgespräch im klassischen Sinn ist das sicherlich nicht, aber ich vergesse fast den Grund meiner Anwesenheit hier und höre ihm zu, immer mal wieder bietet er mir einen Schnaps an, den ich nicht ablehne, obwohl ich mir rein gar nichts daraus mache. Er erzählt von seinen Wüstentouren, Schnorcheln im Roten Meer, von den Menschen Arabiens, von seinen Abenteuern, lustigen Begebenheiten und kritischen Situationen. Er genießt es, meine ungeteilte Aufmerksamkeit zu haben. Dann kommt er auf das Thema Ratten.

Das ist offensichtlich ein Test. Er lässt es sich nicht anmerken, aber er beobachtet mich aus seinen Augenwinkeln ganz genau. Er erzählt fast genießerisch von tanzenden Ratten in der Küche, spart an keinen Details, als es darum geht, darzustellen, wie er eine Ratte mit einem Knüppel erwischt und bewusstlos schlägt. Den Alltag in Saudi-Arabien stellt er weitgehend als einen täglichen Existenzkampf dar, in dem es darum geht, der Ratten Herr zu werden. Sorgfältig bereitet er das Feld für den Höhepunkt dieser Thematik: Er berichtet mit gedämpfter Stimme über eine Nacht, in der er ein merkwürdiges Gefühl unter seinen Achseln verspürt: Eine Ratte hat sich in sein Bett verirrt und sich in seiner Haut festgebissen. In einer dramatischen Verteidigungsschlacht geht er aus diesem Kampf als Sieger hervor.

Dann scheint ihm plötzlich wieder bewusst zu werden, dass ich vor ihm sitze und er fragt plötzlich unvermittelt: „Herr Siever, haben Sie eigentlich eine Freundin?" Die Frage kommt etwas unerwartet und ich zögere mit der Antwort, da ich mir zunächst nicht erklären kann, was er mit der Frage bezweckt. „Ja..." antworte ich etwas gedehnt. Ich habe Brigitte erst vor wenigen Monaten in der Lehrerausbildung kennen gelernt, wir verstehen uns sehr gut, leben aber noch in getrennten Wohnungen. „Und was macht die?" fragt er nach. „Sie absolviert hier in Ostfriesland ebenfalls ihr Referendariat." antworte ich und merke sogleich, wie sein Interesse erwacht. „Welche Fächer?", setzt er kurz und knapp nach. „Englisch und Erdkunde", erwidere ich etwas verwirrt. Dann ändert sich seine

Mimik, der Anflug eines Lächelns ist für einen Moment zu erkennen, dann schaut er mir unverwandt ins Gesicht und es scheint eine Ewigkeit zu dauern, bevor er antwortet. Ich habe diesen Gesichtsausdruck nie vergessen und auch nicht die Art und Weise, in der er dann zu einer folgenreichen Bemerkung ansetzt, die eine Mischung aus einem wohlgemeinten Ratschlag und einer dienstlichen Anordnung darstellt: „Die müssen Sie heiraten!"

Hintergrund dieser Aussage war natürlich der Umstand, dass er einerseits dringend eine Lehrerin für diese Fächer brauchte und andererseits man nur als Ehepaar und keinesfalls als alleinstehende Frau nach Saudi-Arabien einreisen konnte. Lehrerehepaare sind in jedem Fall auch finanziell für den jeweiligen Schulvorstand von Vorteil und so war aus seiner Sicht die Angelegenheiten völlig eindeutig.

Wie war es mit mir? Nun war ich ja mit 28 durchaus im heiratsfähigen Alter und meine Freundin mit 29 war es auch, aber ich war diesem Thema stets ausgewichen und wollte mir noch meine Unabhängigkeit und Freiheit möglichst lange bewahren. Zudem kannten wir uns erst recht kurze Zeit. Auf der anderen Seite liebte ich Brigitte und wusste, dass sie auch sehr reiselustig war und schon immer vorhatte, einmal im Ausland zu leben. Ich bot mir Bedenkzeit aus und nahm mir vor, mit meiner Freundin zu reden.

Dann ging alles ganz schnell, Brigitte war begeistert, wir bekamen die Stelle, heirateten im August 1986, schafften es irgendwie Prüfungs- und

Ausreisevorbereitungen in Einklang zu bringen, bestanden die Prüfungen und saßen nun im Flugzeug nach Djidda, um dort womöglich bereits morgen den allerersten Arbeitstag als Lehrer an der Deutschen Schule zu haben.

Ein berauschendes Gefühl erfüllt uns, die Strapazen der letzten Wochen liegen hinter uns, wir schmiegen uns müde und etwas ängstlich, aber auch voller Vorfreude auf das, was nun kommen wird, in die Sitze und schauen aus dem Fenster. Es ist bereits Abend geworden und wir lugen neugierig hinaus, um die ersten Lichter unseres neuen Zuhauses zu erspähen. Unsere Gedanken wandern, auch Brigitte spürt wohl, dass es ein Flug ins Ungewisse ist, aber die Abenteuerlust und Neugier behalten die Oberhand.

Dann tauchen die ersten Lichter auf, es werden immer mehr, und schließlich breitet sich ein Lichtermeer unter uns aus, das mit Worten nur schwer zu beschreiben ist. Wir sind beide hingerissen, wir können die Uferstraße am Roten Meer, die Corniche, erkennen, sehen Paläste, hell erleuchtete Häuser und Straßen, große Monumente, ebenfalls hell angestrahlt, zahlreiche grün leuchtende Moscheen und erkennen bereits aus dieser Höhe, dass diese Stadt auch zu später Stunde noch voller Leben ist. Wir umarmen uns, unsere Augen funkeln, wir freuen uns auf die Zukunft in diesem geheimnisvollen Land. Diesen Anflug auf Djidda habe ich damals in einem Brief als das Eindrucksvollste, was ich bis dahin erlebt hatte, bezeichnet.

Wir landen auf dem Djidda King Abdulaziz International Airport und sind beeindruckt von dem modernen, ja futuristischen Ambiente, dann öffnet sich die Tür und wir verlassen die Lufthansa-Maschine. Als wir oben auf der Gangway stehen, bläst uns ein heißer Wind ins Gesicht, es ist, als würde uns ein Haarfön direkt an die Haut gehalten. Die Luft ist schwer und schwül.

In dem modernen, hell erleuchteten Ankunftsgebäude, das wir kurze Zeit später betreten, weht uns ein eisiger Wind aus Klimaanlagen an und es herrscht ein unglaubliches Gedränge. Elegante Saudis in weißen Kleidern und ihre Frauen im schwarzen Tschador durchschreiten die weite Halle, Gastarbeiter aus asiatischen und afrikanischen Ländern lagern in Gruppen auf dem mit Marmor ausgelegten Boden. Ein exotisch anmutendes Stimmengewirr erfüllt die Luft. Gut eine Stunde später haben wir die Kontrollen der imposanten Ankunftshalle passiert und werden vom Schulleiter, seiner Frau und einigen Kollegen herzlich begrüßt, ein Kollege überreicht meiner Frau als Willkommensgruß eine kleine kitschige Plastikblume. Draußen schlägt uns sofort wieder schwere feuchtheiße Luft entgegen, als wir uns einen Weg durch eine drängelnde Gruppe Wartender bahnen und kurz darauf sind wir auch schon in einem mit Vierradantrieb ausgestatteten Fahrzeug unterwegs in die Stadt. Das einem riesigen Beduinenzelt nachempfundene Haj Terminal fliegt an uns vorbei, Palmen säumen die großzügig angelegte Flughafenautobahn. Wir tauchen ein in den Strom amerikanischer Straßenkreuzer,

Großraumwagen und japanischer Geländewagen, der über den Highway rauscht. Dann die ersten Eindrücke von dieser neuen fremdartigen Welt: hell erleuchtete Straßen, Menschengewimmel in Weiß und Schwarz, riesenhafte Monumente mitten in den zahlreichen „Roundabouts": ein riesiges Fahrrad, ein Denkmal, das Sonne, Mond und Sterne symbolisieren soll, und dann etwas, was mich die nächsten Jahre ständig begleiten wird und jetzt zum ersten Mal durch die geöffneten Autofenster in unsere Ohren dringt: die über Tonbandgerät und an Minaretten befestigten Lautsprecher transportierte Stimme des Muezzins.

Dann machen wir einen „U-Turn" und biegen in eine Seitenstraße ein. „Links könnt ihr die Baustelle der neuen Schule sehen", sagt ein Kollege, aber seine Stimme scheint von ganz weit weg zu kommen und ich nehme alles nur sehr schemenhaft wahr. In diesem Moment sind wir am vorläufigen Ziel unserer Fahrt angelangt, wir erreichen den Ort, an dem ich von nun an leben werde: Nada Village.

Dies wird nun für sechs Jahre mein Zuhause sein, ein Camp, das wie eine vorwiegend deutsch geprägte Enklave mitten in einer streng islamischen Umgebung liegt. Es gibt hier einen Pool, Tennisplätze, man lebt in möblierten klimatisierten Bungalows, legt sich seinen kleinen Garten an, in denen Elefantengras, Bananenstauden, Hibiskus, "Jeddah Flowers" und Frangipani gedeihen. Ein holländischer Campmanager, pakistanische Gärtner, sudanesische Hausmeister, philippinische Houseboys, die den Haushalt erledigen, erleichtern einem den Alltag. Am späten Nachmittag fährt man an den schneeweißen Luxusvillen, die sich grandios gegen den immer blauen Himmel abheben, vorbei an die Corniche und erlebt einen perfekten Sonnenuntergang am Roten Meer - mit Blick auf die damals höchste Fontäne der Welt. In den engen Gassen der Souks, die teilweise von alten Häusern mit verzierten Holzbalkonen flankiert werden, lebt der Orient. Im Nassif House kann man einen türkischen Kaffee trinken, in einer der Bäckereien frisch gebackenes Fladenbrot kaufen, an einem Stand eine Chicken Shawarma genießen oder im Lebanese Fruit Center einen der frisch gepressten Obstsäfte.

Unterwegs auf der Arabischen Halbinsel

In den nächsten Jahren erlebe ich den westlichen Teil Asiens, werde mit meinem Daihatsu Rocky durch die Wüste Richtung Norden nach Madain Saleh oder nach Süden durch das Asir-Gebirge Richtung jemenitische Grenze oder auch zum legendären Waba-Krata in Richtung Osten unterwegs sein. Ein Krater, der 400 Kilometer von Djidda entfernt in der Nähe des Dorfes Al Hofr liegt, ein Drittel der Strecke ist Wüstenpiste. Ich werde in Wadis Rast machen und mit den Beduinen im Freien auf Teppichen Datteln und Hammelfleisch essen, Bilder von den heißen Quellen im Wadi Al Lith oder vom Wadi Mur tauchen da vor mir auf, vor allem aber die Ausflüge in mein Lieblingswadi Haddat Ash Sham bleiben unverges-

sen. Ich werde in den Bergen der Sommerresidenz des Königs, Taif, das 200 Kilometer von Djidda entfernt liegt und auf 1700 Meter Höhe mit einem deutlich kühleren Klima lockt, meinen Weg zum Geierfelsen finden und dort auf Reste der alten Weihrauchstraße treffen. Die Weihrauchstraße, die aus dem Jemen Richtung Norden führt. Auch den Jemen werde ich besuchen, die märchenhafte Stadt Sanaa mit ihren faszinierenden Lehmbauten, die den Orient und unsere Vorstellung von Tausendundeiner Nacht lebendig werden lassen und ich werde mich auf die Spuren der legendären Königin von Saba begeben. Und immer wieder wird mich die Wüste in ihren Bann ziehen. Der Sonnenuntergang in der Wüste... ich werde süchtig danach. Immer wieder fahre ich hinaus zu einem kleinen Fluss, der sich seinen Weg durch die Wüste bahnt und an dessen Rändern sich sanftes Grün gebildet hat, in dem sich Störche, aber auch Bienenfresser und andere Singvögel tummeln, es sind die vom Sand gereinigten Abwässer der Stadt Mekka. Und dort – weit außerhalb der heiligen Stadt steige ich immer wieder auf einen Berg und bin von der Stille und den wechselnden Farben in der abendlichen Wüste fasziniert, bleibe dort solange, bis sich langsam ein Sternenteppich von unglaublicher Schönheit über meinem Kopf ausbreitet. Hier nimmt mich nicht nur die Wüste gefangen, nicht nur die Exotik des Augenblicks, hier auf diesem Berg an der Straße von Mekka nach Jizan nimmt mich Asien immer mehr in seinen Besitz.

Auf dieser Straße sind wir denn auch am 27. Dezember 1987 unterwegs. Ein weiteres arabisches Abenteuer steht an, mit dabei sind meine Frau, einige Kollegen und: meine Eltern, die kurz vor Weihnachten den ersten Flug ihres Lebens ausgerechnet nach Saudi-Arabien angetreten haben und im Hochgefühl der ersten Stunden ihre Zusage zu dieser Reise gegeben haben. Einen Großteil der folgenden Erinnerungen verdanke ich denn auch den detaillierten Tagebuchaufzeichnungen meiner Mutter.
Mit drei Jeeps fahren wir über eine gut ausgebaute Asphaltstraße parallel zum Roten Meer durch die Tihama. Bunt bemalte jemenitische Lastwagen kreuzen unseren Weg und die Wüste rückt mit höheren Sanddünen in unser Blickfeld. Nach einer kurzen Pause wird die Wüste steiniger, man sieht Akaziensträucher, die dürr aus dem Sand wachsen und immer wieder Herden von Kamelen. Al Lith ist der erste größere Ort, den wir durchfahren, die wenigen Frauen, die man im Straßenbild entdecken kann, sind schwarz verschleiert. Auch „unsere" Frauen halten nun ihre Abaya bereit, beispielsweise wenn wir bei einer Tankstelle einen Stopp einlegen. In Al Qunfudhah verlassen wir dann die Küstenstraße, die weiter nach Jizan führt, und fahren nun in Richtung Asirgebirge, biegen schließlich in ein Tal ein und setzen unsere Fahrt somit in einem langgestreckten Wadi fort, das von den bis zu 2000 Meter hohen Bergen des Asirs zur Linken und einer Kette etwas niedrigerer Berge zur Rechten gesäumt ist. In den kleineren Wadis, in denen die ersten blühenden Akazienbäume bereits einen Hauch eines verfrühten saudischen Frühlings ver-

mitteln, sieht man immer wieder schwarzverschleierte Frauen mit bunten Röcken Ziegen und Schafe hüten. Feigenkakteen sprießen aus dürftigem Boden, die Vegetation ist sehr karg, es scheint lange nicht geregnet zu haben. Da der Maßstab des verwendeten Kartenmaterials oft nicht stimmt, müssen wir immer wieder anhalten und die Lage diskutieren, doch schließlich erreichen wir dann doch die gut ausgebaute Passstraße, die nach Abha führt. Ein gigantisches Werk! Nach Überquerung des Passes bleiben wir noch eine ganze Zeit auf etwa 2000 Meter Höhe, bevor wir dann nach Passieren einiger Checkpoints kurz vor Sonnenuntergang Abha erreichen. An der Bekleidung der Saudis – Frauen sind hier gar nicht mehr auf der Straße zu sehen – erkennt man, dass es hier oben deutlich kälter ist. Nun geht es auf die Suche nach einem Nachtquartier, eigentlich wollten wir im Camp des deutschen TÜVs übernachten, aber das klappt nicht, man rät uns dann im Hotel Al Bouhaira zwei „Villen" zu mieten. Der Preis scheint annehmbar, doch nachdem wir dort angekommen sind, ist der Preis auf das Doppelte gestiegen. Aber wir haben keine Wahl, Alternativen gibt es nicht mehr. Der Schmutz in Küche und Bad ist kaum erträglich, statt einer Säuberung hat man vor der Vermietung vorher wohl mit einem stark riechenden Ungeziefervernichtungsmittel gearbeitet. Das aus mitgebrachten Esswaren bestehende Abendmahl ist bizarr: Wir verwenden aus Hygienegründen als Tischtuch die mitgebrachten Müllsäcke und tafeln unter einem verstaubten Kronleuchter. Im geräumigen Wohnzimmer steht sogar ein Fernsehapparat. Nach dem Ein-

schalten ist sofort der „Hüter der beiden heiligen Stätten" König Fahd im Bild zu sehen. In jedem der Häuser entdecken wir Pfeile, die anzeigen, in welcher Richtung Mekka liegt. Sie sollen die Orientierung beim Beten erleichtern. Nachdem wir heute 800 Kilometer zurückgelegt haben, verzichten wir aber auf einen längeren Fernsehabend und fallen todmüde in die Betten. Vor dem Einschlafen muss ich noch an die Geschichte eines Türkeireisenden denken, der mir von einem kleinen Hotel berichtet hatte, in dem er damals Unterschlupf fand. Das Zimmer war in einer Art und Weise verdreckt, wie er es nie zuvor auf seinen zahlreichen Rucksacktouren erlebt hatte. Dazu waren zahlreiche Kakerlaken sowohl in der Dusche, der lediglich ein paar Tropfen zu entlocken waren, als auch innerhalb und außerhalb des Bettes unterwegs. Was seine Aufmerksamkeit bei der Ankunft erregt hatte, war ein angeleuchtetes Pappschild in einem der Fenster gewesen, auf dem mit Kuli geschrieben stand: „Von ADAC empfohlen".

Am nächsten Morgen begnügen wir uns in diesen wenig gastlichen Gemäuern mit einer Katzenwäsche, drüben im Hotel gibt es dann aber doch ein recht reichhaltiges Frühstücksbuffet, das einen für einiges entschädigt. Dabei macht die Geschichte eines der mitgereisten Söhne eines Kollegen die Runde, dass aus seinem Schuh heute Morgen ein Skorpion gekrabbelt sei. Wenig später sind wir „on the road again" und erreichen kurz hinter Abha den Ort Khamis Mushayt, in dem wir Richtung Süden *abbiegen und dann auf eine ausgedehnte Hochebene gelangen. Wir fahren durch eine karstige Berglandschaft und können am Horizont hohe Berge erkennen, die bereits im Jemen liegen. Wegen der Nähe zur Grenze häufen sich jetzt die Checkpoints und auf dem Weg nach Najran gelangen wir durch kleinere Orte, in denen sich die oft bunt bemalten Häuser durch einen ganz ungewöhnlichen Baustil auszeichnen. Sie ähneln kleinen Burgen mit nur winzigen Fensteröffnungen. Die aus Lehm hergestellten Wände sind sehr dick, das flache Dach ist mit einer hohen Mauer umrundet, die orientalische Zinnen trägt. Auch viele Ruinen sind zu erkennen. Aber dann tauchen Gebäude auf, die offensichtlich neu entstanden sind, sich aber dem alten Stil anpassen. Sie sind in noch bunteren Farben gestaltet und haben oben auf dem Dach einen Wassertank. Am frühen Nachmittag erreichen wir schließlich Najran, eine Oasenstadt inmitten von Palmen. Dort finden wir diesmal rasch unser Quartier und werden nun zwei Nächte im Gästehaus des King-Khalid-Krankenhauses schlafen, und zwar in der sogenannten Genscher-Suite. Dieses Mal haben wir Glück: Unsere Unterbringung ist mehr als erfreulich! Ein deutscher Arzt und seine deutsche Sekretärin begrüßen uns herzlich und wir fühlen uns in dem Haus gleich wohl. Nachdem wir erst einmal Kaffee gekocht, einen Imbiss zu uns genommen und uns häuslich eingerichtet haben, fahren wir auf den Souk von Najran. Auf der Straße sieht man wieder fast ausschließlich Männer. Ihr Thohen ist hier aber nicht so schneeweiß wie in Djidda, dafür tragen sie um den Leib einen gewaltigen Dolch – eine Jambiyah, die eine Art Männlichkeitssymbolik ausdrückt. Der Gesichtsausdruck dieser Männer wirkt teilweise ausgesprochen verwegen und wüst. Die Frauen unserer Gruppe tragen im Souk Kopftuch und Abaya. Viele Kinder laufen uns nach, lächeln und versuchen uns immer wieder zu berühren. So wie uns die Exotik dieser Oasenstadt fasziniert, so exotisch wirken wir wohl auf diese Kinder. Der Hauptgrund für unseren Aufenthalt auf dem Souk ist aber das Erhandeln einer Jambiyah. Doch da die Sonne bereits alles in ein rötliches Licht taucht, lässt der Ruf des Muezzins nicht lange auf sich warten. Man hofft noch auf ein schnelles Geschäft, doch daraus wird nichts mehr, ein herrlicher Dolch, mein Objekt der Begierde, wird wieder beiseitegelegt. Die Gebetszeit wird auch hier streng eingehalten. Nach der Salah besuchen wir noch den Gemüse- und Obstsouk und dinieren dann in einem türkischen Lokal. Erfüllt von dem Erlebten gehen wir zeitig zu Bett.*

Am nächsten Morgen brechen wir bei Sonnenaufgang in die Rub Al Khali auf. Die Atmosphäre am frühen Morgen, als wir Najran verlassen, ist kaum zu beschreiben, wir passieren die Lehmhäuser und Palmenhaine und gelangen dann auf die Stichstraße nach Sharurah, die in die Rub al Khali hineinführt. Wenige Stunden später erklimmen wir riesige Sanddünen, befinden uns nun also in der größten Sandwüste der Welt. Sand, soweit das Auge reicht... Es sind Eindrücke, die unvergesslich bleiben. Nach unserer Rückkehr nach Najran sind wir schon bald erneut unterwegs, auch meine Eltern, die heute Vormittag eine Ruhepause eingelegt haben, sind wieder dabei. Die Besichtigung eines alten Staudamms steht auf dem Programm. Wir fahren vorbei an den typischen alten Häusern, die oft versteckt in kleinen Palmenwäldern liegen und erblicken auf einem steinigen Hügel eine alte Burgruine. Dann zur Rechten eine große Plantage mit Mandarinen- und Orangenbäumen und auf der linken Seite gegenüber ein besonders schönes und auffälliges Haus mit vielen bunt blühenden Sträuchern. Kurz darauf gelangen wir zu einem Schlagbaum, an dem alles Diskutieren und Gestikulieren nichts nutzt, wir bekommen keine Erlaubnis zum Besuch des Staudamms, selbst ein Schreiben des Konsulats kann diesmal nichts ausrichten. Wir müssen umkehren und entschließen uns dazu, dass jede Familie heute Nachmittag etwas auf eigene Faust unternimmt. Als wir auf dem Rückweg wieder an dem interessanten Haus vorbeifahren, sehen wir neugierige Kinder, die uns freundlich zulächeln. Unsere drei Jeeps sind den Anwohnern dieser Straße offensichtlich schon auf der Herfahrt aufgefallen und so werden wir freundlich auf einen Tee eingeladen. Wir betreten ein Haus, das durch seine prunkvolle Einrichtung auffällt und werden in einen großen Raum geführt, der mit kostbaren Teppichen und rundherum mit Sitzkissen aus herrlichem Plüsch belegt ist. An der Decke hängen wieder die offenbar obligatorischen Kronleuchter, an denen noch – wie offensichtlich üblich in dieser Gegend – die Preisschilder hängen. Die Frauen werden aufgefordert, sich ein wenig abseits zu halten, nur die

Männer unterhalten sich. Serviert wird der schmackhafte süße arabische Tee. Die Kinder beschenken die Frauen mit Blumen und lächeln sie unentwegt an, die etwas größeren Mädchen gucken allerdings nur ganz verschwiegen um die Türecke oder durchs Fenster, was dem älteren Bruder missfällt. Er scheucht sie immer wieder fort, die Eltern scheinen nicht zu Hause zu sein. Der nette Saudi, der uns ins Haus gebeten hat, führt uns dann durch die Obstplantage, wo wir von den köstlichen Früchten immer wieder probieren dürfen, und erklärt plötzlich, dass er uns zum Staudamm bringen wolle. Mit seiner Hilfe gelangen wir tatsächlich zu unserem ursprünglichen Ziel. Wir müssen aber feststellen, dass sich gar kein Wasser hinter dem Damm befindet, alles ist ausgetrocknet, seit einem Jahr hat es nicht geregnet. Wir verabschieden uns von dem gastfreundlichen und hilfsbereiten Mann und statten in den vorabendlichen Stunden noch einmal dem Souk einen Besuch ab. Nach zähen Verhandlungen und lautstarkem Feilschen gelingt es mir die wundervolle Jambiyah, an der ich schon am Vorabend so großes Gefallen gefunden hatte, zu erstehen. Das Prachtstück ist heute die Zier einer orientalischen Ecke im Korridor meines Hauses in Hessen. Das erfolgreiche Geschäft wird im Rahmen eines Abendessens bei „unserem" Türken gebührend gefeiert. Wir nehmen uns noch frisches Fladenbrot mit und beschließen während der Heimfahrt, heute früh ins Bett zu gehen, doch daraus wird nichts: Der deutsche Arzt will uns noch besuchen. Da er aber noch mit einer längeren Operation beschäftigt ist,

kommt er erst spät vorbei, ist aber voller Freude, dass er nach einem langen Arbeitstag sich einmal wieder ein wenig mit Europäern austauschen kann. Er erzählt eine ganze Reihe von interessanten Anekdoten, die er hier im Süden des Königreichs als Arzt und Privatmann erlebt hat. Fast wöchentlich muss er Schussverletzungen behandeln. Uns war bereits aufgefallen, dass viele Männer neben der umgeschnallten Jambiyah auch ein Gewehr über der Schulter tragen. Er selbst besucht zwar oft und gern die Nomaden der Gegend, mahnt uns aber zur Vorsicht, da nicht selten auf Fremde geschossen werde. Bis tief in die Nacht lauschen wir den Geschichten dieses Mannes und noch im Schlaf und in den Träumen begleiten uns seine aufregenden Schilderungen.
Am nächsten Tag, dem vorletzten des Jahres, ist unsere Rückreise nach Abha geplant. Zunächst statten wir noch einmal dem Souk einen Besuch ab, meine Mutter ersteht ein weißes Kopftuch, ein Kollege einen Teppich. Dabei geraten wir auch in ein enges, verstecktes Gässchen, wo es herrlich nach Kräutern und Gewürzen duftet und wo unverschleierte Nomadenfrauen ihre Waren feilbieten, ein ungewohntes Bild in Saudi-Arabien. Auf dem Weg nach Abha biegen wir in einem Dorf von der Hauptstraße ab und machen die Bekanntschaft mit einigen netten Kindern, die auf dem Schulweg sind und sich gern von uns fotografieren lassen. Durch die vielen Fotostopps ist es spät geworden und nachdem wir zunächst Khamis Muschayt und dann Abha durchfahren haben, wird es schon dunkel. Erinnerungen an „Al Bouhaira" werden wach und vor allem meine Mut-

ter denkt wohl mit Bangen an das nächtliche Quartier, was sie heute erwartet. Dann geht es einen Berg hinauf, immer höher, scheinbar endlos windet sich die Straße an einem endlosen Hang entlang, der Tank ist fast leer, die Anzeige blinkt bereits seit einiger Zeit. Im Auto wird es still. Wir sind mittlerweile in dichten Nebel geraten, später wird klar, dass es Wolken sind, die wir durchfahren. Dann plötzlich Lichter, im Dunst kaum zu erkennen, eine Tankstelle! Beim Tanken wird deutlich, dass es mittlerweile sehr, sehr kalt geworden ist. Wir fahren weiter, es geht immer noch bergauf, und bald darauf: wieder Lichter, diesmal ganz viele – wir haben unser Ziel erreicht und befinden uns auf dem höchsten Berg Saudi-Arabiens, dem Jabel-Sawdah, 3200 Meter hoch und damit höher als die Zugspitze! Vor allem meine Mutter ist fassungslos und schier überwältigt, als sie das Hotel betritt, es ist das Abha Intercontinental Hotel, im Auftrag des Königs erbaut und doch noch nie von ihm genutzt. Der Prunk des Luxushotels steht in einem so krassen Gegensatz zu den Befürchtungen meiner Mutter, dass es ihr beim Buffet im prunkvollen Speisesaal, der – wie sollte es anders sein – im hellen Licht von riesigen Kronleuchtern erstrahlt, schier den Appetit verschlägt.

Am nächsten Morgen werden wir bei Sonnenuntergang vom Ruf des Muezzins geweckt, neben dem Hotel befindet sich eine große Moschee, deren Kuppel nachts in einem glanzvollen goldenen Licht erstrahlt. Den letzten Tag des Jahres verbringen wir 1000 Höhenmeter tiefer im Abha Nationalpark, in dem Burgruinen von der Zeit der Türkenherrschaft zeu-

gen. Am Rande eines riesigen Plateaus blicken wir in eine gewaltige Gebirgsschlucht, in der wir an den Steilhängen tief unten an der Wand zerfallene Häuser erblicken, die „hängenden Dörfer", in denen vor wenigen Jahren noch Menschen, gut geschützt vor den Feinden, lebten. Auf einer Wanderung durch die Karstlandschaft erblicken wir einige Wacholderbäume, die schon voller Beeren sind, insgesamt scheint es hier oben im Asir doch ab und zu mal zu regnen, denn teilweise kann man schon das ein oder andere Pflänzchen entdecken, das sich durch den steinigen Boden ans Licht wagt. Dann naht der Silvesterabend, den wir in den luxuriösen Gemäuern auf dem Jabel-Sawdah verbringen. Da es den Menschen aus dem Abendland im Königreich aber nicht erlaubt ist, Weihnachten oder Silvester zu feiern, geht es dabei eher dezent zu, immerhin wünschen uns die Angestellten des Hotels verstohlen ein „Happy New Year 1988". Angestoßen wird mit Saudi Champagne, einem Sprudel mit Früchten und Minze. Am Neujahrsmorgen haben sich alle Wolken aufgelöst und wir genießen einen letzten Blick über die Gipfel des Asir-Gebirges, bevor wir uns auf die lange Heimfahrt nach Djidda machen. Eine kontrastreiche Reise in den Süden Arabiens findet damit ein Ende.

Wenige Monate später. Ramadan in Djidda im islamischen Jahr 1408. Seit Sonntag begeht die islamische Welt den Fastenmonat. Im vom strengen Sunnitentum geprägten Königreich bedeutet das, dass das gesellschaftliche und wirtschaftliche Leben tagsüber nicht mehr stattfindet.

Nach Sonnenuntergang sind die Straßen wie leergefegt; die Menschen sitzen dann zusammen und halten ausgiebige Festmahle ab. Auf der Rückkehr von einem Strandtag in Shoiba - kurz vor Einbruch der Abenddämmerung - sieht man an den Straßenrändern überall Saudi-Clans sitzen, die ihre Teppiche ausgerollt haben, auf denen man auf den Sonnenuntergang wartet, dem Zeitpunkt, an dem das Essen wieder erlaubt ist. Die Fernstraße Mekka-Djidda ist wie die Autobahnen in den siebziger Jahren in Deutschland während der Ölkrise völlig autofrei. Es regt sich erst wieder Leben nach dem letzten Salah gegen 21 Uhr. Dann öffnen die Geschäfte bis tief in die Nacht, das Leben erwacht geradezu eruptiv. Auch wir haben uns darauf eingestellt. Nachdem wir den ausgiebigen Mittagsschlaf wieder eingeführt haben, sind wir abends länger auf und kaufen eben erst ganz spät ein. Unsere mohammedanischen Schüler leiden natürlich unter dem Fasten, da sie ja tagsüber auch nichts trinken dürfen. Auch nichtmoslemischen Ausländern ist es nicht erlaubt, in dieser Zeit von Sonnenaufgang bis Sonnenuntergang in der Öffentlichkeit zu essen, ich erinnere mich daran, dass ich mich einmal bei einem Wüstenausflug hinter meinen Jeep versteckt habe, als ich gerade einen kleinen Imbiss eingenommen hatte und plötzlich Beduinen aufgetaucht waren. In den Zeitungen wird von Religionsgelehrten darüber diskutiert, ob das Zähneputzen am Tage statthaft sei, dabei könne man ja versehentlich Wasser herunterschlucken. Das Autofahren gestaltet sich kurz vor Sonnenuntergang, wenn alle hungrig und durstig in Erwartung des Abendessens nach Hause rasen noch verrückter als ohnehin schon. Den Ramadan beschließt das Fastenbrechen. Die Eid Al Fit-Ferien, die auch auf dem Ferienplan der Deutschen Schule vermerkt sind, werden in diesem Jahr übrigens zur Freunde von Schülern und Lehrern kurzerhand auf neun Tage verlängert...

Ein Donnerstag im Frühjahr des gleichen Jahres. Die Anzeichen können nicht trügen: Der Himmel ist nicht klar wie sonst, sondern milchig dunstig, Sand liegt in der Luft, Schwaden feinen Sandstaubes wehen über die Straße, die Luft flimmert. Sonst reicht der Blick bis an den Horizont, doch davon kann heute keine Rede sein. Wir sind mit unseren Jeeps unterwegs auf der sich endlos und unaufhaltsam durch die Tihama ziehenden Straße, die von Djidda in Richtung Süden nach Jizan nahe der jemenitischen Grenze führt. Es ist jene Straße, die auch zu den Mekka-Abwässern führt und auf der wir wenige Monate zuvor nach Abha und Najran unterwegs gewesen sind. Dabei verläuft sie parallel zum Roten Meer und durchquert eine Landschaft, die tagsüber sehr öde wirkt, im Morgen- oder Abendlicht aber von außerordentlichem Reiz ist. Zur Linken haben wir die Berge von Mekka hinter uns gelassen und wagen uns nun immer tiefer hinein in eine mysteriös und bedrohlich wirkende Szenerie, die Berge sind nur noch schemenhaft zu erkennen, die Sandverwehungen auf dem Asphalt nehmen zu.

Wir, Kollegen von der Deutschen Schule und andere deutsche Freunde aus der saudiarabischen Hafenstadt, sind unterwegs nach Shoiba, dem Ort, der von nun an mit großer Regelmäßigkeit zu meinem bevorzugten Wochenendaufenthalt wird und ungefähr 150 Kilometer südlich von Djidda liegt. Es handelt sich dabei um ein Dorf, das sich in unmittelbarer Nähe einer riesigen Meerwasserentsalzungsanlage befindet. Doch nicht dieses außergewöhnliche Monument des technischen Fortschritts ist unser Ziel, sondern die südlich und nördlich davon gelegenen Strände mit ihren bunten und bizarr geformten Korallenriffen. Mit dabei ist auch Jörg Ranau, Vize-Konsul der Bundesrepublik Deutschland im Königreich, mit dem ich mich ein wenig angefreundet habe und mit dem ich einen Tag später den schönsten Tauchgang meines Lebens haben werde. Jörg Ranau wird übrigens im Sommer 2008 Botschafter in Singapur, in demselben Sommer, in dem ich mich von Singapur verabschiedet habe.

Zu Beginn des Jahres habe ich bereits den Meeresforscher und Pionier des Tauchens schlechthin kennengelernt, den legendären Hans Hass. Er zeigte im Anschluss an ein Barbecue im Albilad-Möwenpick-Hotel an der Corniche seine alten Dokumentarfilme über Haie und berichtete von seinen Taucherlebnissen. Er war damals bereits 70 Jahre alt und ist heute 91. Anwesend waren auch der berühmte Taucher und Autor zahlreicher Bücher Hagen Schmidt sowie unser Tauchlehrer Georg Jungbauer. Georg, der Mann einer Kollegin und wie Hass Österreicher, hat ebenfalls Bücher und Filme über die Unterwasserwelt veröffentlicht. Im Creek nördlich von Djidda hatte er sein dreimastiges Boot liegen, von dem aus wir unsere Tauchgänge der Prüfung absolviert hatten. Georg und seine Frau Monika wollten eigentlich mit ihrem Boot um die Welt reisen, waren aber dann in der saudischen Hafenstadt vor Anker gegangen und machten später im Sudan eine Tauchschule auf. Ob sie ihre Reise später noch fortgesetzt haben, weiß ich leider nicht. Ich habe sie aus den Augen verloren. Ein Teilerlös der Veranstaltung dieses Abends floss der G&P Poliklinik zu, die von diesem Geld eine Dekompressionskammer kaufte. Ein beruhigendes Gefühl für jeden Sporttaucher, dass es eine solche Kammer dann auch in Djidda gab! Das Tauchequipment, das ich einige Zeit später Jörg Ranau abkaufte, hatte übrigens einen prominenten Vorbesitzer - den eben erwähnten Hagen Schmidt.

Glücklicherweise hat der Wettergott an diesem Tag ein Einsehen mit uns und als wir schließlich unser Ziel erreicht haben, hat der Wind nachgelassen und das blaugrüne Wasser der Roten Meeres blitzt uns voller Versuchung entgegen.

Wir reihen unsere Geländewagen – Daihatsu Rocky, Mitsubishi Pajero und Nissan Petrol dominieren – in einer Reihe am menschenleeren Strand auf, bauen unsere Iglu-Zelte auf, spannen die Sonnensegel auf und errichten unser großes Beduinenzelt. Und hinaus geht es ans Riff, wo wir uns der Schönheit der Unterwasserwelt annehmen. Hier können wir stundenlang riesige Schildkröten und Langusten, Zackenbarsche und Red Snapper beobachten, Muränen, die aus kleinen Höhlen im Riff heraus-

schauen, Hornhechte, die wie Stöcke auf dem Wasser liegen, einzelne Barrakudas, Herden der riesigen Büffelkopf-Papageienfische, Rotfeuerfische, die hinter Korallenbänken lauern, und immer wieder auch Weißspitzenhaie, die mit großer Eleganz am Riff vorbeistreichen. Mit etwas Glück wird man auch von einem Manta begleitet, der mit großer Erhabenheit neben einem durch das Wasser „fliegt".

Abends sitzen wir am Lagerfeuer, essen den gegrillten frisch gefangenen Fisch, singen zu Gitarrenmusik, hören das regelmäßige Rauschen des Meeres und genießen die friedliche Atmosphäre unter dem Sternenhimmel.

Aber diese friedliche Stimmung ist trügerisch. Noch während meines Aufenthaltes im Königreich am 2. August 1990 überfallen die Truppen Saddam Husseins Kuweit, besetzen das Emirat und in Saudi-Arabien beginnt ein Truppenaufmarsch ungeahnten Ausmaßes. Ebenfalls im August stirbt meine geliebte Frau Brigitte an den Folgen einer Brustkrebserkrankung, ich falle ins Nichts, suche Halt im Alltag und hoffe, dass trotz der Turbulenzen die Schule in Djidda wieder ihren Betrieb aufnimmt. Während die Deutsche Schule Riad zunächst geschlossen bleibt, geht es an meiner Schule im September dann tatsächlich wieder los, die Lage am Golf wird aber immer angespannter. Dem Diktator wird ein Ultimatum gesetzt. Bis zum 15. Januar 1991 soll Saddam Hussein seine Truppen zurückgezogen haben. Auch in Djidda macht sich nun Nervosität breit. Immer mehr Fa-

milien verlassen die Stadt. In der Nacht vom 16. auf den 17. Januar klingelt das Telefon, der stellvertretende Schulleiter Walter Dengler ist am Apparat und informiert mich mit lapidarer Stimme: „Bernhard, der Krieg hat begonnen." In den nächsten Tagen verfolgen wir die Berichterstattung von CCN, die vom saudischen Fernsehen übernommen wird. Immer dann, wenn in den Reportagen von Israel die Rede ist, klinkt sich das saudische Fernsehen abrupt aus der Übertragung aus und bringt stattdessen ein Standbild, untermalt von religiöser Erbauungsmusik. Trinkwasser in Flaschen ist für einige Zeit aufgrund der Hamsterkäufe nicht mehr erhältlich, der Flughafen ist gesperrt, kein Schiff verlässt mehr den Hafen. Im Norden Saudi-Arabiens das mit Irak verbündete Jordanien, im Süden das ebenfalls mit Saddam Hussein liierte Jemen und im Westen, auf der anderen Seite des Roten Meeres, der Sudan, aus dessen Hauptstadt man Drohungen hört, dass man Raketen auf den Assuan-Staudamm und auf Djidda schießen wolle und im Osten... der Kriegsschauplatz selbst. Dazu kommt die Angst vor Giftgasattacken. Ich habe eine Abstellkammer luftdicht abgesichert und meine gefüllte Taucherflasche hineingestellt. Am Himmel sieht man Tankflugzeuge, die sich Richtung Golf aufmachen. Immer wieder besorgte Anrufe aus der Heimat. Als nach wenigen Wochen der Krieg beendet ist, geht auch der Alltag in Djidda wieder seinen Gang, nur die Religionspolizei und die Orthodoxen treten nun selbstbewusster auf, eine Konzession, die man ihnen macht, weil sie stillgehalten haben, als amerikanische Soldatinnen auf saudischem Boden im Kampfeinsatz waren.

All das liegt nicht im Bereich meiner Vorstellungskraft, als ich hier am Strand von Shoiba stehe und am nächsten Morgen auf das sanfte Hellblau des morgendlichen Roten Meeres hinausschaue. Es weht ein leichter Wind, am Horizont sind die Silhouetten einiger Schiffe erkennbar. Vor knapp 90 Jahren waren es Schiffe, die unter der kaiserlichen Fahne hier auf ihrem Weg nach China an Shoiba vorbeikamen. China! Wie sehr wird auch dieses Land mein weiteres Schicksal bestimmen! Aber auch davon ahne ich nichts bei meinem Blick hinaus aufs Meer...

Die kaiserliche Flotte im Roten Meer

Rotes Meer, Juli 1900. In der Ferne sieht der Beobachter dunkle, schwarze Rauchfahnen in den klaren, blauen Himmel aufsteigen. Kommt der Betrachter diesen Rauchfahnen näher, erkennt er die Umrisse von zahlreichen Kriegsschiffen, die sich hintereinander langsam durch die glatte See pflügen. Ist der Betrachter nur noch einige Meter von den Ungetümen entfernt, hört er das gleichmäßige Stampfen der Maschinen, die die Schiffe antreiben. Steht der Beobachter schließlich auf dem Deck dieser

Stahlkolosse, dann spürt er körperlich die ungeheure Kraft, die die Dampfmaschinen freisetzen.

Nun ist auch klar, die Namen und Flaggen der Schiffe verraten es, es handelt sich um einen kaiserlichen Flottenverband bestehend aus vier Linienschiffen, zwei Kreuzern, drei Torpedobooten und einigen Begleitdampfern auf dem Weg nach China. Dort tobt der Boxeraufstand und das Deutsche Kaiserreich will seine Stärke demonstrieren. Die Panzerdivision, so der martialische Begriff, auf ihrer Route nach Fernost. Seegeltung ist Weltgeltung, Seemacht ist Weltmacht. Eine typisch wilhelminische Gleichung. Einfach, aber gefährlich.

Noch am Vormittag des 4. Juli 1900 befindet sich das I. Geschwader der Kaiserlichen Marine 50 Seemeilen vor der Danziger Bucht auf Manöver. Da sendet das Flaggschiff „Kurfürst Friedrich Wilhelm" für die 1. Division des Geschwaders völlig überraschend die Signale: „Übung beendet. Auf Allerhöchsten Befehl vorbereiten Ausreise nach Ostasien." Sofort macht sich der schlagkräftigste Verband der Kaiserlichen Flotte mit voller Fahrt zum Ausrüstungshafen. Neben der „Kurfürst Friedrich" besteht der Verband aus drei weiteren 1893/94 in Dienst gestellten Schiffe der Brandenburg-Klasse, „Brandenburg", „Wörth" und „Weissenburg". Jeder Gigant verdrängt 11000 Tonnen Wasser und verfügt über sechs schwere 28 cm Geschütze. Während der Durchfahrt durch den erst 1895 fertig gestellten Kaiser-Wilhelm-Kanal zwischen Kiel-Holtenau und Brunsbüttel an der Elbe bestaunen tausende von Schaulustigen die Durchfahrt der 116 Meter langen Linienschiffe, die mit ihrer Breite von 20 Metern fast den gesamten Kanal ausfüllen. Kriegsmäßig ausgerüstet verlässt der Verband am 11. Juli unter dem Kommando von Konteradmiral Geißler Wilhelmshaven und trifft nach 48 Tagen am 28. August in Hongkong ein.

Diszipliniert gleitet die Panzerdivision dahin. Von den Problemen, die den Flottenverband auf ihrem 110 Seemeilen langen Weg heimsuchen, kann der Beobachter nichts erkennen. Doch fast wäre diese eindrucksvolle Demonstration kaiserlicher Macht gescheitert. Kläglich gescheitert, und zwar an Kohlen. Jedes der mächtigen Linienschiffe verschlingt Unmengen davon. Bei 10 Knoten Fahrt verbrennen in den Kohlekesseln bis zu 100 Tonnen Kohle am Tag. Wird die Geschwindigkeit erhöht, dann steigt der Verbrauch stärker als im quadratischen Verhältnis. Kein Kapitän möchte erleben, dass sich sein Bunkervorrat dem Ende zuneigt. Bei allen Marinestreitkräften der Welt gilt deshalb die Faustregel, dass die Bunker jeder Zeit wenigstens halb gefüllt sein sollen.

Theoretisch ist die notwendige Kohlenversorgung in Gibraltar, Aden, Colombo und Singapur sichergestellt worden. In der Realität gefährden die zweifelhaften Bekohlungsverhältnisse das Gelingen der Expedition ernsthaft. Konteradmiral Geißler empört sich, dass der Kohlehandel nichts mehr mit den ehrbaren kaufmännischen Absichten, Gewinn zu erzielen, zu tun habe. Eher stehe er auf der Stufe eines Pferdehandels. Die zum Einsatz hastenden Deutschen müssen Höchstpreise und hochmütige Nichteinhaltung von Lieferterminen erdulden. In Colombo kann die Panzerdivision nur durch den Verzicht eines britischen Kommandanten auf sein bereits gebuchtes Deputat weiterkommen. Auf der gesamten Strecke bleiben die Deutschen von dem guten Willen der britischen Regierung abhängig, die ihnen erlaubt, ihre Stützpunkte anzulaufen und zu kohlen. Für den stolzen Kaiser Wilhelm und seine Admiralität eine demütigende Situation. Auf dem langen Weg nach Ostasien verfügt das Deutsche Reich nun mal nicht über entsprechende Stationen. In Berlin denkt man deshalb fieberhaft nach, wie man das ändern kann.

Die Demonstration kaiserlicher Weltgeltung kann sich vom wilhelminischen Selbstverständnis her nicht nur in der Entsendung von Kriegsschiffen erschöpfen. Deshalb wird ohne Zeitverlust, dadurch allerdings auch ohne die notwendige sorgfältige Planung, ein „Ostasiatisches Expeditionskorps" von 20000 Mann aufgestellt und zur Abreise ausgerüstet. Dazu gehört auch Unteroffizier Gustav Paul, der sich von seiner Einheit in Magdeburg freiwillig zum Expeditionskorps gemeldet hat. Am 31. August langen er und seine Kameraden in Bremerhaven mit dem Zug an. Die drei Truppentransporter „Andalusien", „Darmstadt" und „Palatia" liegen bereits im Hafen zur Aufnahme bereit. Pauls Regiments wird dem größten Transporter, der „Palatia", zugeteilt. 2000 Mann besteigen den älteren, aber umgerüsteten Viermaster mit einem Schornstein, der Eigentum der HAPAG ist. Der Koloss ist 155 Meter lang, 23 Meter breit und hat einen Tiefgang von 9,50 Meter. Die Besatzung umfasst 150 Mann unter Führung von Kapitän Resing, eine echte Seemannserscheinung, Vertrauen erweckend. Die Treppen fallen, die Enter werden gelöst und die „Palatia" setzt sich langsam in Bewegung. An Land spielt die Matrosenkapelle „Muss i denn zum Städtelein hinaus" und aus 2000 Soldatenkehlen schallt die Nationalhymne als Antwort zurück. Vorbei geht es an hunderten von Schaulustigen ins offene Fahrwasser.

Am 5. September fährt die „Palatia" am Felsen von Gibraltar vorbei, läuft ins Mittelmeer ein und passiert anschließend den Suezkanal. Bis dahin alles ein Kinderspiel. Doch mit dem Hineingleiten in das Rote Meer beginnt die eigentlich Tortur der Fahrt. Rasch steigt das Thermometer auf 38,5 Grad Celsius. Und die Hitze nimmt immer noch zu. Am 15. September werden schließlich 40 Grad Celsius erreicht. Eine solche andauernde Hitze hätte niemand für möglich gehalten. Besonders schlimm sind die Heizer und Trimmer unter Deck betroffen. Hier herrschen 50 Grad Celsius. In dieser Situation wird Anzugserleichterung befohlen. Den Soldaten ist es erlaubt, an Deck barfuß zu gehen, auf die langen Unterhosen zu verzichten und die eigentlich verpönten Maschenhemden zu tragen. Die Offiziere dürfen baden und halbnackt an Deck herumlaufen. Trotzdem läuft jedem der Schweiß am Körper unablässig herunter.

Kein Lufthauch bringt Abkühlung. Selbst in der Nacht sinken die Temperaturen kaum, sodass an Schlaf nicht zu denken ist. Die Offiziere versuchen ihren Mannschaften, so weit es das strenge preußische Armeereglement zulässt, Erleichterungen zu verschaffen. So geben sie nachts ein Teil des Offiziersdecks frei, damit wenigstens die Unteroffiziere im Freien schlafen können. Doch Gustav Paul berichtet, dass selbst wenn man ohne Hemd und ohne Bettdecke auf der bloßen Matratze auf Oberdeck liegt, trotzdem unaufhörlich schwitzt. Die Konsequenzen bemerkt Paul am eigenen Körper. Man wird immer schlaffer und antriebsloses und hofft auf ein baldiges Ende dieser Tortur. Die Mannschaften hingegen müssen es unter Deck aushalten.

Die Ärzte an Bord haben alle Hände voll zu tun. Immer wieder fallen Soldaten wegen Hitzschlag um. Am frühen Morgen des 16. September um 4.30 Uhr ist ein Gottesdienst angesetzt. Beim Blick auf die auf Halbmast gesetzten Flaggen ist allen klar, was in der Nacht passiert ist. Zwei Mann der Besatzung haben die Hitze nicht überstanden und werden nun dem Seemannsgrab übergeben. Ungeachtet dessen hält die Hitze unbarmherzig an. Schlaffheit und Müdigkeit sind mittlerweile Allgemeinzustände. Dann endlich: „Das Rote Meer hat, Gott sei Dank, ein Ende", notiert am 17. September ein erleichterter Gustav Paul in sein Tagebuch. Zwar sinkt die Temperatur im Golf von Aden nur unwesentlich, doch wenigstens streicht jetzt eine erfrischende Brise über Deck und man kann wieder aufatmen.

Die „Palatia" gehört zu den insgesamt 18 großen Truppentransportschiffen der HAPAG und des Norddeutschen Lloyd, die in zwei Staffeln vom 27. Juli bis 4. August und vom 31. August bis 7. September das Ostasiatische Expeditionskorps in das ferne China bringen sollen. Die Schiffe müssen in aller Eile für den Transport neu ausgestattet werden. So sind u. a.

die Spind- und Bettengrößen der nach Rangordnung gestaffelten Offizierskabinen ebenso wie die Bänke und Kojen für die Mannschaften und weitere Details genau vorgeschrieben. Die Schiffe werden in schwimmende preußische Kasernen verwandelt.

Bremerhaven, 27. Juli 1900. Kaiser Wilhelm lässt es sich nicht nehmen persönlich die ersten abgehenden Truppenverbände zu verabschieden. Wie so häufig schießt der Kaiser dabei mit seiner berüchtigten „Hunnenrede" verbal weit über das Ziel hinaus. Er fordert seine Soldaten auf kein Pardon zu geben und keine Gefangenen zu machen. Sie sollen sich wie der Hunnenkönig Etzel im Mittelalter benehmen, damit der Name Deutscher in China auf 1000 Jahre hinaus gefürchtet bleibe. Vielen Soldaten werden des Kaisers Worte noch in ihren Ohren klingen, wenn sie erst einmal China erreicht haben. Und viele werden sich auch so benehmen. Rücksichtsloses Durchgreifen ist von Allerhöchster Stelle doch gewünscht, ja geradezu befohlen.

Zu den Truppentransportern kommen noch weitere 39 Frachtdampfer, die Material, Waffen, Munition und Pferde nachbringen sollen. Darunter befindet sich auch der gecharterte Dampfer „Marie". Er läuft mit der ersten Transportstaffel am 3. August aus. Auch sie durchquert das Mittelmeer, dann den Suezkanal, bis die Schiffe schließlich im Roten Meer hintereinanderher dampfen. Auch für sie wird die Reise durch das Rote Meer zum Alptraum. Unerträgliche Hitze überall und zu jeder Tages- und

Nachtzeit. Da plötzlich verliert die „Marie" an Fahrt, wird immer langsamer. Havarie. Ungerührt setzen die anderen Schiffe ihre Fahrt fort. Niemand reagiert. Was wird aus der havarierten „Marie" werden? Einsam und verlassen befindet sie sich auf weiter Flur in den Gewässern des Roten Meeres.

Wenn wir den Dampfer aber weiter verfolgen, so sehen wir zu unserem Erstaunen, dass die unter dem Befehl von Korvettenkapitän Franz Grapow stehende „Marie" schließlich am 14. September die Farasan-Insel Kum erreicht. Die angebliche Havarie ist nur ein Täuschungsmanöver. Ungehindert und unbeobachtet lädt sie 27 Tonnen Kohle, 500 Goldmark und ein bewaffnetes Begleitkommando ab. In aller Heimlichkeit hat das Deutsche Reich einen Coup zur Errichtung einer Kohlenstation im Roten Meer gelandet. Nur der mit dem Kaiser befreundete Sultan Abdülhamid II., zu dessen Reich die Farasan-Gruppe gehört, weiß von nichts. Ganz wohl scheint man sich aber auch in Deutschland bei dem Handstreich nicht zu fühlen. Das Unternehmen ist brisant und so sind die Verhandlungen darüber nur mündlich zwischen dem Staatssekretär des Auswärtigen Amtes von Bülow und Admiralstabschef von Diederichs geführt worden. Dann hat man gemeinsam mündlich Vortrag bei Seiner Majestät gehalten, worauf dem Staatssekretär im Reichsmarineamt Tirpitz der Allerhöchste Befehl mündlich übermittelt worden ist. Sollte es zu Problemen kommen, soll der Befehl als nicht vorhanden gelten.

Welchen strategisch wichtigen Punkt hat man sich also in Berlin ausgesucht, um so einen riskanten Handstreich durchzuführen? Die Inseln liegen 4600 Seemeilen von Wilhelmshaven entfernt und damit gerade noch einigermaßen günstig. Bei der Inselgruppe hat man nicht eine Hauptinsel im Visier, sondern die kleine im Süden gelegene Insel Kum, die der Tibta-Bucht vorgelagert ist. Allerdings ist Kum karg und wasserlos und die Tibta-Bucht ist vier Seemeilen nach allen Richtungen breit. So kann schon bei mäßiger Brise ein Seegang entstehen, der zwar nicht gefährlich werden muss, aber doch das Löschen und Laden von Kohlen unbequem macht.

Bei einer eingehenderen Beschäftigung mit der Inselgruppe würde man wohl, so die Einschätzung des sich im Ruhestand befindlichen Admirals Max Plüddemann, geeignetere Plätze ausfindig machen. Auch außerhalb der Farasan-Gruppe gebe es bessere Plätze für eine Kohlenstation. Jedoch müsse man berücksichtigen, dass die gegenüberliegende afrikanische Küste bereits von Italien besetzt sei, die nördlichen Landstriche ägyptisches Gebiet seien, die südlich gelegene Insel Camaran sich in Besitz der Engländer befinde und Punkte auf der arabischen Halbinsel nur durch eine starke militärische Befestigung Sicherheit gegen die räuberische Bevölkerung, die sich auch unbotmäßig gegenüber der türkischen Regierung verhalte, biete. Trotz seines nur geringen Nutzens plädiert Plüddemann aufgrund dieser Verhältnisse für den Erwerb eines Kohlenstützpunktes auf den Farasan-Inseln.

Bei allen Überlegungen hätte man jedoch von vornherein den wirklichen Wert einer solchen Kohlenstation einschätzen können. Bei einem Konflikt mit Großbritannien wären die Farasan-Inseln absolut wertlos gewesen, denn bei einer Schließung des Suezkanals hätte kein deutsches Schiff mehr in das Rote Meer einlaufen oder es verlassen können. Da England von Aden aus den südlichen Zugang mühelos kontrolliert, wäre auch aus dieser Richtung nichts zu erwarten gewesen. Damit wäre ein Stützpunkt auf den Farasan-Inseln vollkommen eingeschlossen gewesen und damit absolut wertlos. Diese Überlegungen hat man anscheinend in Berlin nicht angestellt, denn sonst wäre es nicht zu dem „Marie-Coup" gekommen.

Bereits vor dem Ostasienfeldzug hat der deutsche Botschafter in Konstantinopel, Adolf Freiherr Marschall von Bieberstein, am 27. August 1899 festgestellt, dass es in der Absicht der Kaiserlichen Regierung liege, einen maritimen Stützpunkt am Roten Meer zu gewinnen. Zunächst ist mehr an ein Materialdepot für die Arbeiten an der geplanten Eisenbahn vom Hafen Hodeida in das Innere des Jemens gedacht. Die Erweiterung zu einem strategisch vollwertigen Stützpunkt soll dann sehr vorsichtig erfolgen. Dabei ist es wichtig, dass Sultan Abdülhamid II. nicht den Verdacht gewinnt, dass die Deutschen einen Coup á la Kiautschou planen, was nicht ganz unberechtigt ist. Major Morgen, deutscher Militärattaché in Konstantinopel, lenkt dabei die Aufmerksamkeit auf die Farasan-Inseln. Diederichs ist Feuer und Flamme und will auf dem Immediatdienstweg an den Kaiser herantreten. Da beginnt unvermutet der Boxeraufstand und scheint die Sache jetzt erst recht zu ermöglichen.

Wie bereits erwähnt, soll mit 27 Tonnen Kohle und 500 Goldmark der ersehnte Stützpunkt als Fait accompli verwirklicht werden. Als die Angelegenheit in Konstantinopel ruchbar wird, ist man sich in der Umgebung des Sultans in der Abwehr des deutschen Unternehmens einig. Erst als türkische Kriegsschiffe die Dürftigkeit des Coups gemeldet haben und ein türkisches Bataillon auf den Inseln stationiert wird, nimmt der Sultan die Angelegenheit hin. Schließlich einigt sich Marschall von Bieberstein mit der türkischen Seite und man beschließt eine gemeinsame deutsch-türkische Kohlenstation mit einer Kapazität von 100 Tonnen Kohle Zug um Zug zu errichten.

Bei dieser Absichtserklärung bleibt es jedoch, denn die Türken hebeln den Vertrag einfach aus. Missverständnisse, bürokratische Hemmnisse, Ortsunkenntnis der Deutschen und mangelnde Zusammenarbeit von Marine und Botschaft lassen das Projekt im Sande verlaufen. Als die deutschen Kriegs- und Transportschiffe nach und nach aus Ostasien zurückkehren, ist von einem brauchbaren Depot weit und breit nichts zu sehen. Von September 1899 bis zur Aufgabe drei Jahre später hat die deutsche Marine den Kohlenhaufen nie in Anspruch genommen. Mittlerweile hat sich in Berlin auch der Staatssekretär im Reichsmarineamt Tirpitz durchgesetzt, der den militärstrategischen Wert der Farasan-Inseln im Roten Meer beim besten Willen nicht erkennen kann. Vielmehr gleicht sie seiner Meinung nach einer Mausefalle. Am 24. Oktober 1902 wird der Sultan über den deutschen Verzicht auf die Farasan-Inseln in Kenntnis gesetzt. Damit schließt sich der Aktendeckel über diese Angelegenheit.

Die Farasan-Inseln überfliegen auch meine Frau und ich, als wir uns in den ersten Apriltagen des Jahres 1988 von Djidda aus auf eine Reise ins glückliche Arabien begeben. Inspiriert zu dieser Reise haben uns die atemberaubenden Schilderungen von Hans Helfritz, der in den dreißiger Jahren des 20. Jahrhunderts den Jemen und Hadramaut erkundet hat. Als einzige Europäer unter lauter teilweise recht wild und exotisch ausschauenden Jemeniten besteigen wir auf dem Flughafen von Djidda eine "Yemenia". Das Chaos und Gedränge beim Einsteigen ins Flugzeug bekommen die bedauernswerten Stewardessen, vermutlich Libanesinnen, nur schwer in den Griff, da sich kaum jemand auf den der Reservierung entsprechenden Platz setzt und nur nach längerem Palaver und dem Eingreifen des männlichen Personals das Chaos etwas geordneter verläuft. Aber dann starten wir im weiten Bogen über den Creek, fliegen an der Küste des Roten Meeres entlang und nach Überquerung der Farasan-Inseln gelangen wir schließlich nach Überquerung des Asir-Gebirges nach Taizz. Bei diesem Zwischenstopp drängen noch mehr Jemeniten mit Bündeln von Kat unter dem Arm und den gerollten Katkugeln in der Mundhöhle ins Flugzeug. All die Grünflächen, die man vom Flugzeug aus sehen kann, seien Anbauflächen von Kat, erklärt uns eine junge Jemenitin, die uns "much luck" in ihrem Land wünscht. Kat ist ein weitverbreitetes Rauschmittel im Jemen, das selbst Kinder und Frauen nehmen. Langfristige Schäden sind unausbleiblich; es ist aber so eng mit der Tradition verwurzelt, dass ein Verbot kaum durchsetzbar ist. Die Katrunden an schattigen Plätzen während der Mittagshitze im Souk und dann vor allem bei Sonnenuntergang gehören offenbar zum Jemen wie die Königin von Saba. In Sanaa, dem Ziel unserer Flugreise, empfängt uns eine fast noch mittelalterliche Welt. Es ist eine märchenhaft schöne Stadt, die Baukunst der Jemeniten ist beeindruckend. Das Flair der Souks in der Altstadt ist berauschend, die Märchen aus Tausendundeiner Nacht lassen grüßen. Die Menschen sind offen, freundlich, freuen sich, wenn man einige Brocken Arabisch spricht. Die Frauen sind - im Vergleich zu Saudi-Arabien - freier. Sie dürfen arbeiten, Auto fahren. Sie bewegen sich auch viel ungezwungener. Man merkt hier, wie sehr man die Frauenrolle, wie sie einem in Saudi-Arabien begegnet, schon verinnerlicht hat, wenn man dort einige Zeit wohnt. Als wir bei der Ankunft auf dem Flughafen von einer verschleierten Frau kontrolliert werden, ertappt man sich bei dem Gedanken: "Nanu, das ist ja eine Frau, da stimmt doch etwas nicht." Hier in der Hauptstadt des damals noch geteilten Jemen geht es archaisch zu. Nachts werden wir von Mücken tyrannisiert, frühmorgens vom Muezzin geweckt. Übermüdet und vom Durchfall geplagt stürzen wir uns in das Treiben am Bab-el-Jemen. Rhythmisches Trommeln, ein

Jambiyah-Tanz. Armut und Exotik gehen hier eine widersprüchliche Allianz ein, das Lächeln der in Lumpen gekleideten Kinder, die barfuß in dem Abfall stehen, der einfach aus den Fenstern geworfen wird, irritiert. Die vom Kat berauschten Händler vor der überwältigenden Kulisse der pittoresken Lehmhäuser, auf deren mit Teppich ausgelegten Dachterrassen man Tee gereicht bekommt. Am nächsten Tag unternehmen wir mit einem Landcruiser eine Fahrt ins 170km entfernte Marib, das am Rande der Rub al Khali liegt. Wir wollen die Heimat der sabäischen Königin besuchen. Unser Fahrer ist Nadji, ein recht verwegener Typ, der Saudi-Arabien nun gar nicht mag und diese Antipathie mit vielen seiner Landsleute teilt. Zu Beginn der Fahrt macht er uns gleich mit seiner persönlichen Rangliste der europäischen Länder vertraut, die er möglicherweise kundenspezifisch auch flexibel handhaben wird: "Germany No.1, Italy No.2, France No.3, England not good." Von seinem eigenen Land ist er dagegen vollkommen überzeugt: "Jemen gut: Whiskey, Haschisch, Kat, Madame." Dann informiert er uns über die doch erstaunliche Größe seines Landes, die große Teile Saudi-Arabiens offensichtlich mit vereinnahmt: "Najran: Jemen, Jizan: Jemen, Khamis Muschayt: Jemen." Wie weit er den Patriotismus, der auf der Grundlage einer ausgiebig gepflegten Feindschaft zu den Saudis gedeiht, treibt, verdeutlicht die Antwort auf meine Frage: "Mekka, Djidda - Jemen?". Er lächelt vielsagend und erwidert: "Inshallah." Nach dem Besuch der Ruinen der Mond- und Sonnengottheit wird Nadji der

Ersatzreifen vom Dach gestohlen, das zumindest behauptet er und treibt damit das Bakschisch noch weiter in die Höhe. Eine weitere Tour führt uns die nächsten Tage ins Wadi Dhar, zu den Bergdörfern Thula, Shibam und Kaukaban. Überall erwarten uns fröhliche Kinder, die "Sura, Sura" und "Calam, Calam" rufen, also gern Stifte und Kugelschreiber von uns haben möchten - offensichtlich eine Rarität in diesem Land. Immer wieder kreuzt Nadji in den verbleibenden Tagen unseren Weg - sein verschmitztes Lächeln wird mir wohl für immer in Erinnerung bleiben.

Seine Majestät im Orient

Berlin, Sommer und Herbst 1898. Aufbruchstimmung. Es laufen die Vorbereitungen für die zweite Orientreise Seiner Majestät auf Hochtouren. Wilhelm II. fiebert dem großen Ereignis ungeduldig entgegen. Dann ist es endlich soweit. Mit großem Gefolge fährt man nach Venedig, wo man am 12. Oktober in See sticht. Natürlich reist Wilhelm auf seiner 40 Tonnen Lieblingsyacht „Hohenzollern". Zur Reisegesellschaft gehören unter anderem Kaiserin Auguste Viktoria, der Staatssekretär im Auswärtigen Amt Bernhard von Bülow, die Chefs des kaiserlichen Militär-, des Marine- und des Zivilkabinetts, Oberhofmarschall August Graf zu Eulenburg, Generaladjutant Hans von Plessen, General Friedrich von Scholl, Oberhofprediger Ernst von Dryander sowie Hermann Knackfuß, ein eigentlich unbedeutender, aber vom Kaiser hoch geschätzter Kunstmaler.

Am 18. Oktober erreicht die erlauchte Reisegesellschaft bei strahlendem Sonnenschein Konstantinopel, die legendenumwobene Stadt am Goldenen Horn. Hier lebt ein buntes Völkergemisch von etwa einer Million Menschen, die zur einen Hälfte aus Türken und zur anderen Hälfte aus Griechen, Armeniern, Juden, Bulgaren und Ausländern besteht. Konstantinopel ist vor allem eine Stadt am Wasser. So umgrenzen der Bosporus und das Goldene Horn die Altstadt mit der Palastfestung. Das Goldene Horn wiederum trennt die Altstadt vom Stadtteil Pera, auch nach dem auf einer Anhöhe gelegenen ehemaligen Gefangenenturm Galata genannt. Hier wohnen zumeist die europäischen Händler, Diplomaten und Einwanderer.

Alle Reisende, die vom Meer her kommend Konstantinopel ansteuern, sind voll der Begeisterung. Der italienische Schriftsteller Edmondo de Amicis beschreibt seinen Eindruck in einem Reisejournal von 1882 folgendermaßen: „Eine Minute – noch eine – wir passieren die Serailspitze – eine verworrene Fülle von Licht, seltsamen Dingen und Farben ... nun sind wir am Cap vorüber. Da ist Konstantinopel, die Glorie der Schöpfung und des Menschen! Solche Schönheit hatte ich mir nicht im Traum vorstellen können. ... Wer wagt es Konstantinopel zu beschreiben ... Vor mir also wie ein weiter Fluss das Goldene Horn, an beiden Ufern zwei Hügelketten, auf denen sich zwei Parallellinien von Städten erheben, welche in einer Ausdehnung von acht Meilen Höhen, kleine Täler, Meerbusen, Vorgebirge umfassen, hundert Amphitheater in Monumenten und Gärten; eine ungeheure doppelte Terrasse von Häusern, Moscheen, Bazars, Serails, Bädern, Kiosken in zahlreichen Farben schimmernd. Dazwischen streben viele tausend Minaretts mit erglänzenden Spitzen gleich riesigen Elfenbeinsäulen zum Himmel; überall senken grüne Zypressenwäldchen sich in dunklen Streifen von den Höhen zur See und umkränzen die Ortschaften und Häfen mit Girlanden."

Doch der Wandel der Zeit macht auch vor Konstantinopel nicht halt. Musste man zu Amicis Zeiten den ca. 60 Meter Höhenunterschied zum Galataturm durch das enge und steile Gassenlabyrinth emporsteigen, kann man seit 1888 ein modernes Verkehrsmittel nutzen: eine von Schweizer Ingenieuren entworfene Zahnraduntergrundbahn, die so genannte, noch heute existierende „Tünel-Bahn". Veränderungen auch auf dem Bosporus. Moderne Fährdampfboote verkehren zwischen den europäischen und den asiatischen Stadtteilen. Jahrhunderte lang verbindet eine alte, aber exotische Ponton-Brücke über das Goldene Horn die Stadtteile. Auf der von aneinandergebundenen Holzbooten getragenen Brücke gehen Händler, Fischer und Garküchenbetreiber ihren Geschäften nach und dichte Trauben von vorbeiziehenden Menschen decken sich bei ihnen mit dem Nötigsten ein. Doch auch hier Neuerungen. Eine von deutschen Ingenieuren entwickelte Metallbrücke hat mittlerweile die altehrwürdige Ponton-Brücke ersetzt.

Ebenfalls für viele Jahrhunderte war der Topkapi-Palast, auf einer Anhöhe gelegen, dort, wo das Goldene Horn in den Bosporus mündet, der Hauptsitz der osmanischen Herrscher. Brände haben ihm zugesetzt, ebenso wie immer weitere bauliche Erweiterungen, sodass daraus ein kaum noch zu überschauendes Labyrinth entstanden ist. Deshalb haben seit der Mitte des 19. Jahrhunderts die Sultane ihre Regierungssitze in Paläste an den Ufern des Bosporus verlegt. Das Topkapi fungiert nunmehr noch als Alterssitz für Damen aus dem Harem und Beamte, die in Ungunst gefallen sind.

Überall also Wandel, doch nur nicht im Sultanat. Regiert wird das riesige, aber schwache und rückständige Reich seit 1876 von Sultan Abdülhamid II. Er herrscht über die drei Millionen Quadratkilometer seines Reiches von seinem Palast Yildiz Kiosk („Sternenpalast") aus. Aus Angst vor Schiffsangriffen hat Abdülhamid seinen Herrschaftssitz vom Dolmabahçe-Palast hierher weiter nördlich verlegt. Seine Residenz liegt nun zusammen mit einem Komplex aus Palästen, Landhäusern und Kasernen mit tausenden von Soldaten inmitten eines weitläufigen Landschaftsparks mit einem künstlichen See, der von einer riesigen Mauer hermetisch von der Außenwelt abgeriegelt ist. Jede Nacht verbringt der misstrauische Herrscher in einen anderen Raum. Nur mit geladenen Pistolen besucht er den Park. Bei einem dieser Ausflüge erschießt er seinen Gärtner, weil dieser ihn aus Versehen erschreckt hat.

Abdülhamid gilt als grausamer und verschlagener Herrscher („Das Ungeheuer von Yildiz Kiosk"), der geradezu krankhaft menschenscheu und misstrauisch ist. Eine allgegenwärtige Geheimpolizei kontrolliert das Staatswesen und Abdülhamid liest begierig die Spitzelberichte. Die intime Beobachterin der wilhelminischen Hofgesellschaft, Baronin von Spitzemberg, charakterisiert ihn folgendermaßen: „Der Sultan ist – kurz gesagt – ein kleiner, krummbeiniger Jude (seine Mutter war eine Armenierin) mit einem kleinen, gelblichen, verlebten Gesichte, kleinen braunen Augen, die ab und zu aufleuchten, aber müde und teilnahmslos dreinblicken – man kann sich vorstellen, dass nicht viel Menschliches ihnen verständlich ist."

Seit Wilhelms erster Orientreise im Jahre 1889 ist der deutsche Kaiser allerdings fest davon überzeugt, dass Abdülhamid ein gütiger, weiser, von seinem Volk vergötterter Herrscher sei. Der kaiserliche Gesandte am Hofe des Sultans, Adolf Freiherr Marschall von Bieberstein, meint immerhin, dass der Sultan einen richtigen Begriff von der Weltlage habe und seine Ohnmacht gegenüber den Großmächten erkenne, allen voran Großbritannien und Russland. In der Tat werden die Staatsfinanzen des hochverschuldeten Staates von der Osmanischen Schuldenverwaltung kontrolliert. Diese setzt sich aus den Vertretern der Gläubigerstaaten Frankreich, England, Deutschland, Österreich-Ungarn und Italien zusammen.

Heute befindet sich in dem von dem berühmten Architekten französischer Herkunft, Alexandre Vallaury, im 1899 vollendeten Gebäude eine der renommiertesten Schulen der türkischen Republik, das Istanbul Lisesi. Im unteren Stockwerk ist noch heute ein Raum mit meterdicken Mauern zu sehen, in denen Wertpapiere und Gold des Osmanischen Reiches lagerten. Verschlossen wird der Raum – heute beherbergt er das Schulmuseum - nach wie vor von einer massiven Stahltür mit der Aufschrift Panzer, S.A., Berlin. Diese Wertarbeit eines deutschen Unternehmens verschloss zwar Geldmünzen und Goldbarren, aber sie musste als Aktiengesellschaft nach französischem Recht registriert sein. Der offizielle Name der Staatsschuldenverwaltung des Osmanischen Reiches lautete denn auch: „Administration de la Dette Publique Ottomane".

In dem hoch über dem Goldenen Horn gelegenen Bau mit Blick auf den Bosporus werden Teile der zukünftigen Führungsschicht der türkischen Republik mit Unterstützung der vom deutschen Staat entsandten Lehrkräfte herangebildet. Vom gegenüberliegenden Ufer aus sind nachts die von großen Scheinwerfern beleuchteten Wahrzeichen Istanbuls zu sehen. Zusammen mit dem riesigen Areal des Topkapi Serail, der einst christlichen Kirche, der Hagia Sophia mit ihrer mächtigen Kuppel und der imposanten Sultan-Ahmed-Moschee (Blaue Moschee) mit ihren sechs Minaretten, die sich wie gespitzte Bleistifte in den Himmel erheben, bildet das Istanbul Lisesi ein geschichtsträchtiges Ensemble, das auf so engem Raum seinesgleichen sucht.

Umgekehrt genießt man aus diversen Räumen dieses Gebäudes einen grandiosen Blick, vom Dach sogar einen Rundblick, auf die pulsierende Stadt. Erst jetzt kann man die Dimension des modernen Istanbul so richtig erahnen: die Brücken, das Goldene Horn, den Bosporus, das Marmara-Meer, die Handels-, Kreuzfahrt- und Fährschiffe, die beiden Kontinente Europa und Asien, die Stadtteile, dazwischen klein, aber in großer Vielzahl Autos und Menschen.

27. Februar 2009. Ankunft in Istanbul. Nach der Anmeldung im Hotel führt der erste Rundgang von meiner Frau Inka und mir gleich Richtung Istanbul Lisesi. Als zukünftiger Leiter der Deutschen Abteilung siegt die Neugierde über den neuen Arbeitsplatz vor den anderen Sehenswürdigkeiten der Stadt. Wo tagsüber ein quirliges Gedränge herrscht, Autogehupe inklusive, liegt die Gegend an einem Samstagabend wie ausgestorben da. Gemächlich nähern wir uns einem großen Gebäude. Das Istanbul Lisesi?

Doch dann wird uns schnell klar, es handelt sich um die benachbarte iranische Botschaft. Auch der Wachtposten hält Spaziergänger in dieser Gegend zu nächtlicher Stunde wohl für eher ungewöhnlich. Als wir uns dem Botschaftsgebäude nähern, tritt er aus seinem Wachhäuschen heraus, lädt das Gewehr durch – ein G3, das auch in der deutschen Bundeswehr Verwendung findet - ... und wünscht uns sehr freundlich „good night". Eine gewisse Erleichterung macht sich dann doch bei uns breit. Anders betont hätte der Gruß leicht eine viel unangenehmere Bedeutung annehmen können. Der anschließende Rundgang um das ruhig daliegende, wunderschön angestrahlte Gebäude des Istanbul Lisesi lässt die Neugierde steigen, das altehrwürdige Gebäude nun auch endlich selber zu betreten.

Montagmorgen. Öffnen der massigen Tür, erstes Eintreten, ein Kribbeln im Bauch, ein besonderes Gefühl. Schnell wird deutlich, hier hat man es mit einem Gebäude voll von Historie zu tun. Und doch birgt es durch seine jetzige Bestimmung als Schule auch eine lebendige Gegenwart in sich. Nach dem Aufstieg über eine breite Treppe in den ersten Stock führt der Weg fast unwillkürlich auf das Büro des türkischen Schulleiters zu. Ein roter Teppich leitet den Besucher dorthin. Rechts und links des Weges Symbolik. Angestrahlt zur Rechten das große Wappen des Istanbul Lisesi, in schwarzer und gelber Farbe gehalten. Auch diese Schulfarben haben ihre symbolische Bedeutung und führen in den 1. Weltkrieg zurück. Dem Blick des aufmerksamen Besuchers ist auch nicht entgangen, dass rechts und links der Treppen große Uhren an den Wänden befestigt sind. Sie zeigen immer dieselbe Uhrzeit an: 3.30 Uhr.

Rückblende. 1. Weltkrieg. Zur Aufnahme der zahlreichen Kriegsverwundeten werden auch zahlreiche Schulen zu Hospitälern umfunktioniert. Die Wände werden gelb angestrichen, die damalige typische Krankenhausfarbe. Mit Beginn des Feldzuges an den Dardanellen (Çanakkale-Krieg) 1915 melden sich 50 Schüler der Schule als Kriegsfreiwillige für die Armee. Nach einer kurzen Ausbildung werden sie an die Front verlegt.

Osmanische Schuldenverwaltung. Konstantinopel 1908. (P. G. Evrard. From the Personnel Album of the Ottoman Debt Administration, 1908. The Ottoman Bank Archives and Research Centre)

Dort aber wartet bereits der Tod auf sie. In der Nacht vom 18. auf den 19. Mai um 3.30 Uhr fallen sie während eines Sturmangriffs auf die alliierten Stellungen. 50 Leben, 50 Schüler, ein ganzer Jahrgang innerhalb eines kurzen Augenblicks ausgelöscht. Zum Zeichen der Trauer werden die Fensterrahmen und Türen der Schule schwarz angestrichen. Damit sind zugleich die Farben der Schule entstanden, die bis heute gelten.

Zurück zum Gebäude des Istanbul Lisesi. Links angestrahlt eine große Atatürk-Büste mit der türkischen Nationalfahne. Kemal Atatürk, Gründervater der modernen Türkei, wird im ganzen Land verehrt. Für das Istanbul Lisesi geht es jedoch noch darüber hinaus. Um die Bedeutung der Erziehung und Bildung für sein Land wissend, schenkte Atatürk das Gebäude der ehemaligen Schuldenverwaltung der Schule. Auch das eine Geste voller Symbolik. Gegenwart gesellt sich zu eindrucksvoller Historie, Moderne zu Tradition, westlicher zu moslemischer Lebensweise. Brückenbau zwischen Altem und Neuem, zum Wohle der Türkei und der deutsch-türkischen Beziehungen.

Sultan und Kaiser hegen große Sympathien füreinander und so wird der Kaisergattin Auguste Viktoria eine große Ehre zuteil. Sie darf, was sonst strengstens verboten ist, den sagenumwobenen Harem des Sultans besuchen. Auguste Viktoria sträubt sich sehr dagegen, doch ein Machtwort ihres Gatten stimmt sie um. „Dona", wie der Kaiser sie nennt, bleibt bis ein Uhr morgens im Harem. Doch amüsiert hat sie sich nicht. Nach ihrem Besuch ist Staatssekretär Bülow darauf erpicht, zu erfahren, wie es denn im Harem aussehe. Ihre Antwort lautet: „Ach Gott! Eine Menge sehr dicker Frauen in Pariser Toiletten, die ihnen schlecht standen, die Konfitüren und Pralinés aßen und furchtbar gelangweilt aussahen." Auch sonst findet „Dona" wenig Gefallen an der orientalischen Lebensweise. Selbst in ihren Gemächern entdeckt sie Ungeziefer. Zusammen mit ihren Hofdamen geht sie vor der Nachtruhe mit Hutnadeln auf Läusejagd.

Von Konstantinopel geht es dann mit dem Schiff nach Haifa, wo die Entourage am 25. Oktober ankommt. Ab hier organisiert das britische Reisebüro Thomas Cook & Sons die Kaiserkarawane. Mit 1300 Pferden und Maultieren. 100 Kutschen, 230 Zelten, 600 Treibern, 12 Köchen und 60 Kellnern geht es weiter nach Jerusalem. Außerhalb der Stadt wird ein großes Zeltlager aufgeschlagen.

Am 29. Oktober zieht der Kaiser von Westen her durch das Jaffator in die Heilige Stadt ein. Eigens für ihn ist ein Stück der Stadtmauer neben dem Tor eingerissen worden. Danach wird die Grabeskirche, der Garten Gethsemane, der Ölberg und der Hügel Golgatha besucht. Lange denkt der Kaiser darüber nach, was er bei den ganzen Zeremonien tragen solle. Schließlich entscheidet er sich für eine prächtige, selbst entworfene weiße Uniform des Regiments Garde du Corps, vervollständigt durch einen golddurchwirkten seidenen Umhang. Hoch zu Ross auf seinem Lieblingspferd Kurfürst reitet er die extra für diesen Anlass gepflasterte Jaffa-Straße entlang. Türkische Militärkapellen schmettern dazu „Heil Dir im Siegerkranz" und die „Wacht am Rhein".

Offizieller Anlass seiner Reise ist die Einweihung der neu gebauten Erlöserkirche, deren Bau sein Vater vor 29 Jahren auf den Weg gebracht hat. Schon einmal in Jerusalem gewährt der Kaiser dem Begründer des politischen Zionismus, Theodor Herzl, wie bereits zuvor in Konstantinopel, eine Audienz. Für dessen Idee, einen jüdischen Staat in Palästina zu gründen, sagt der eigentlich nicht gerade judenfreundliche Kaiser, wahrscheinlich in Gönnerlaune, seine Unterstützung zu. Als Sultan Abdülhamid davon erfährt und von dem Plan rein gar nichts hält, rückt auch Seine Majestät wieder davon ab.

Von Jerusalem geht es über Jaffa und Beirut weiter nach Damaskus. Wilhelm ist von der orientalischen Welt mit ihren lebhaften Basaren und dem Anblick der zahllosen Kuppeln und Minarette vollkommen fasziniert. Noch stärker aber beeindrucken ihn die zahlreichen Huldigungsrufe der Araber. Vollkommen entzückt und in den Bann des Orients gezogen, verkündet Wilhelm in seiner Tischrede auf einem Empfang in der Stadthalle von Damaskus: „Möge der Sultan und mögen die 300 Millionen Mohammedaner, die, auf der Erde zerstreut lebend, in ihm ihren Kalifen verehren, dessen versichert sein, dass zu allen Zeiten der deutsche Kaiser ihr Freund sein wird!"

Unermüdlich ist Wilhelm unterwegs. Seine Reisegesellschaft hingegen wird immer müder. Hitze, Staub und Hektik setzt ihr zu. So atmet alles erleichtert auf, als am 12. November von Beirut aus die Heimreise angetreten wird. In der Frage der Bagdadbahn sind allerdings keine nennenswerten Fortschritte erzielt worden. Die Bahn interessiert Wilhelm im Moment auch gar nicht mehr sonderlich. Er beschäftigt sich vielmehr damit, wie er seine Rückkehr inszenieren soll. Drei Wochen später hält Seine Majestät wieder Einzug in Berlin, nicht als heimgekehrter Tourist, sondern als siegreicher Feldherr. Mit seinen unbedachten Äußerungen während der Reise hat sich Wilhelm mal wieder sprichwörtlich wie ein Elefant im Porzellanladen verhalten. Besonders in London, Paris und St. Petersburg ist des Kaisers Rede in Damaskus nicht gerade mit Begeisterung aufgenommen worden. Die Mehrzahl der von Wilhelm angesprochenen Muslime leben nämlich in den englischen, französischen und russischen Machtbereichen. Der Kaiser als Schutzherr aller Muslime – das konnte nur als eine Provokation, ja als eine Kampfansage verstanden werden.

In der Heimat aber wird Seine Majestät gefeiert. Noch während seiner Reise schreibt das militante Organ des Alldeutschen Verbands, die „Alldeutschen Blätter": „Also Volldampf vorwärts nach dem Euphrat und Tigris und nach dem Persischen Meer und damit der Landweg nach Indien wieder in die Hände, in die er allein gehört, in die kampf- und arbeitsfreudigen deutschen Hände." Auch das, starker Tobak. Aber es bleibt nicht nur bei Worten, sondern es folgen Taten, die nicht dazu dienen, dass mittlerweile ohnehin starke Misstrauen der anderen Großmächte gegenüber allen deutschen Aktivitäten im Orient zu zerstreuen. Ein möglicher beherrschender deutscher Einfluss im Osmanischen Reich könnte schwerwiegende strategische Konsequenzen nach sich ziehen. Der Suezkanal, das Kaukasusgebiet und letztendlich Indien, das Juwel des Britischen Empire, könnten in Gefahr geraten.

4. März 2009. Der Abschied von Istanbul rückt näher. Noch einmal in den Gülhane Park, der jetzt ein angenehm ruhiges Plätzchen inmitten des Getümmels der Großstadt ist. Die Sonne zeigt sich, der Frühling rückt näher nach ungewöhnlich regenreichen Wintermonaten. Unterhalb der Umgrenzungsmauer des Topkapi Serail am Ende des Gülhane Parks finden sich in einem Café mit phantastischem Blick auf den Bosporus freie Plätze. Im Sommer zur touristischen Hochzeit streiten sich die Besucher um diese Plätze, jetzt ist es fast menschenleer. Bei türkischem Cay richtet sich der Blick zunächst auf den europäischen Teil der Stadt, geht zum Dolmabahçe-Palast, dann über den Bosporus, den die zahlreichen Fährschiffe emsig überqueren, und die Handelsschiffe, die in einer langen Reihe in einer engen Passage entlangfahren, dann auf den asiatischen Teil der Stadt und bleibt in der Ferne am Bahnhof Haidarpascha hängen, der noch im Morgendunst liegt. Ein zutiefst wilhelminisches Gebäude, das schemenhaft zu erkennen ist. Das Ende unserer ersten Reise nach Istanbul nähert sich, während der Bahnhof anderen Reisenden als Ausgangspunkt in den Orient dient. Ein besonderer Ort, ein besonderer Bahnhof, Ausgangspunkt einer besonderen Bahnlinie, der berühmten Bagdadbahn.

24. März 1899. Die deutschen Bahnbauer erhalten eine Konzession für die Errichtung und den Betrieb von Hafenanlagen in Haidarpascha. Sämtliche Baumaterialien für den westlichen Teil der Bagdadbahn sollen

hier umgeschlagen werden. Entsprechend großzügig wird geplant und gebaut. Hinter einem riesigen Damm entstehen eine 150 mal 300 Meter lange Kaianlage, ein Getreidespeicher und zwei Lagerschuppen. Drei Laufkräne können Hochseedampfer be- und entladen. Zugleich erfolgen große Aufschüttungsarbeiten, da man Platz für den Bau eines großen Bahnhofs für die Bagdadbahn benötigt.

Schnell wird klar, dass man für den als Repräsentationsgebäude gedachten Bahnhof zu wenig Platz aufgeschüttet hat. Nun werden 11000 Holzpfosten in die Erde gerammt und darauf entsteht, wie die Bauwerke in der Lagunenstadt Venedig, der Bahnhof. Ganz im wilhelminischen Stil lassen die deutschen Architekten ein wuchtiges Gebäude entstehen. Sie verwenden keine landesüblichen Formen, sondern bauen ihn in neoromanischem Stil. Fenster und Portale mit Rundschlägen, Erkertürme, eingelassene Säulen und Dreiecksgiebel geben dem Gebäude den Eindruck von Monumentalität. Das Innere des Bahnhofs ist dagegen eher bieder: Tropenholz, glänzendes Messing und eine Ornamentik, die aus viel Eisen besteht. Wolfgang Korns Fazit lautet denn auch folgerichtig: „Das Bauwerk gleicht eher einem norddeutschen Rathaus als einem Endbahnhof orientalischer Eisenbahnlinien."

6. September 1917. Sabotage. Eine gewaltige Explosion erschüttern Hafen und Bahnhof von Haidarpascha. Die dort gelagerten Munitionsvorräte entzünden sich. Explosion folgt auf Explosion. Eisenbahnwaggons werden ins Meer geschleudert. Das Ende der Bagdadbahn beginnt an

ihrem Ausgangspunkt. Damit ist der gesamte Nachschub für die deutsch-türkischen Truppen im Nahen Osten unterbrochen.

10 Jahre später. Beginn des Wiederaufbaus unter Leitung des deutschen Eisenbahningenieurs Heinrich August Meißner. Originalgetreu. Wolfgang Korn hält fest: „Und so steht er bis heute am asiatischen Ufer des Bosporus: Haidarpascha wirkt wie ein wilhelminisch-hanseatisches Rathaus, architektonisch und städtebaulich deplaziert, überdimensioniert und wenige Jahre nach seiner abermaligen Einweihung bereits antiquiert."

Berlin, 12. Dezember 1898. Heimgekehrt von der Orientreise versichert Staatssekretär Bülow dem Reichstag, dass das Deutsche Reich „im Orient keine direkten politischen Interessen" habe und „in Konstantinopel gar keinen besonderen Einfluss" anstrebe. Welch eine Fehlinformation der Öffentlichkeit. Dabei weiß Bülow es besser.

Rückblende. Orientreise des Kaisers. Zusammen mit Wilhelm II. und dem Direktor der Deutschen Bank, Georg Siemens, ist Bülow zugegen, als man mit Sultan Abdülhamid, seinem Außenminister Achmed Tewfik Pascha und weiteren Würdenträgern über das Jahrhundertprojekt verhandelt. Es geht um nichts anderes als um den Bau einer Eisenbahn von Konstantinopel über Konya im Südwesten Anatoliens und Bagdad bis an den Persischen Golf. Welch ein gigantisches Unternehmen! Man spricht fortan voller Bewunderung von der Bagdadbahn und denkt an die exotische, geheimnisumwitterte Welt des Orients. Werden die Märchen aus Tausendundeiner Nacht wahr?

Dabei ist Bagdad schon lange nicht mehr das verheißungsvolle Zentrum des Orients. Ganz im Gegenteil, man kann Bagdad nur noch als bedeutungsloses Nest ohne wirkliche ökonomische Bedeutung bezeichnen. Dem Kaiser ist das egal und er weiß es wohl auch gar nicht. So ist Wilhelm seinem Naturell entsprechend natürlich Feuer und Flamme. Ganz er selbst vereinnahmt er das Projekt, erklärt es, zumindest für kurze Zeit, zur Chefsache und bezeichnet es euphorisch als „meine Bahn". Auch in der deutschen Öffentlichkeit obsiegt die Euphorie. Voller Begeisterung titeln Zeitungen triumphierend: „Von Hamburg nach Basra" oder „Volldampf voraus nach Euphrat und Tigris".

Dabei geht die Initiative von Sultan Abdülhamid aus. Aus wirtschaftlichen und militärstrategischen Überlegungen will er den Bahnbau von Konstantinopel über Konya bis an den Golf fortführen. Das ermöglicht ihm, türkische Truppen schnell und effektiv auch an die Grenzen seines Reiches zu verlegen, um so gegen arabische und kurdische Unabhängigkeitsbewegungen vorzugehen. Auch sieht er die Souveränität seines Reiches eher durch die englische, französische und russische Regierung gefährdet. Ein Engagement Deutschlands könnte hier ein Gegengewicht bilden.

Im Schatten der legendären Bagdadbahn entwickelt sich ein weiteres Großprojekt, die Hedjazbahn. Hedjaz ist der Name für die westliche Region des heutigen Saudi-Arabien, die sich am Roten Meer entlangzieht. Die größte Stadt ist Djidda. Ziel der von Damaskus ausgehenden

Hedjazbahn aber sind die für die Moslems in aller Welt heiligen Städte Mekka und Medina. Sultan Abdülhamid II, zugleich Kalif aller Muslime, verkündet zur Erhöhung seines Prestiges am 1. Mai 1900 den Bau dieses Eisenbahnprojektes zur Förderung der Wallfahrt nach Mekka. Technischer Leiter des überaus ehrgeizigen Unternehmens, immerhin müssen 1300 Kilometer schwierigstes Wüstengelände überquert werden, wird der deutsche Eisenbahningenieur Heinrich August Meißner (Meißner-Pascha). Mit seiner Ernennung im Januar 1901 beginnt der eigentliche Bau der Hedjazbahn.

Die Finanzierung der „Heiligen Bahn" ist durch eine geradezu modern anmutende Öffentlichkeitskampagne in der muslimischen Welt gesichert. Die Kunde von des Sultans Plan wird in jedes Dorf vom Balkan bis zum Golf von Bengalen getragen, jeder Imam verkündet davon im Freitagsgebet. Zwar stellt der Sultan selber 7 Millionen Goldfranken zur Verfügung, doch werden insgesamt 28 Prozent der Kosten durch Spendengelder finanziert. Jeweils am 1. September, dem Tag der Thronbesteigung des Sultans, werden Teilstücke feierlich eröffnet. Schließlich erreicht die Bahn am 1. September 1908 mit Medina ihren Endpunkt. Die wenigen Kilometer bis nach Mekka werden aus verschiedenen Gründen, so auch wegen innenpolitischer Veränderungen durch die Jungtürkische Revolution, nie fertiggestellt.

Dennoch erfüllt die Bahn ihren Auftrag. 96 Lokomotiven, 103 Personen- und 1028 Güterwagen sind dafür im Einsatz. Dreimal wöchentlich verkehrt ein Zugpaar zwischen Damaskus und Medina, zur Wallfahrtszeit verlassen bis zu drei Pilgerzüge täglich den Bahnhof von Damaskus. Die über 1300 Kilometer von Damaskus nach Medina werden bei ungefähr 30 km/h Durchschnittsgeschwindigkeit und diversen Aufenthalten in etwa 55 Stunden bewältigt. Zwar schmerzen bei der Ankunft alle Glieder und die Gesichter und Kleider sind von Staub und Ruß verschmutzt, doch sind die Wallfahrer bester Laune und danken Allah für die sichere Fahrt. Die Alternative wäre eine ungefähr vierwöchige Pilgerfahrt auf Kamelen gewesen.

Ganz so friedlich bleibt die Geschichte der „Heiligen Bahn" allerdings nicht. Während des 1. Weltkriegs wird sie als wichtige Nachschubbahn für die türkischen Truppen genutzt. Mit Unterstützung des legendenumwobenen Briten T. E. Lawrence („Lawrence von Arabien") sprengen arabische Aufständische immer wieder wichtige Teilstücke der Bahnlinie in die Luft. Zwar beeinträchtigen diese Sabotageakte den Zugverkehr, doch kommt er nie völlig zum Erliegen.

Benzingeruch, Spannung und ein Hauch von Abenteuer liegen in der Luft, als sich an einem frühen Donnerstagmorgen im April 1987 eine moderne Blechkarawane, die aus zahlreichen vierradbetriebenen Fahrzeugen besteht, von Djidda aus auf den Weg zur Hedjazbahn macht. Angeführt wird diese Karawane von einem saudischen Beamten, der angeblich für

Kaiser Wilhelm II. in der Uniform eines Marschalls des Osmanischen Reiches.
(Ullstein Bilderdienst)

Bagdad-Bahn-Baustelle. (Ullstein Bilderdienst)

unsere Sicherheit zuständig ist, und seinem Fahrer. Mit dabei ist auch der schon erwähnte Vize-Konsul Jörg Ranau. Madain Saleh, die alte Nabatäerstadt im Norden des Königreichs - 850 Kilometer von Djidda entfernt - ist das Ziel, das wohl eindrucksvollste Kulturdenkmal Saudi-Arabiens und nach einem Zwischenstopp im Sheraton-Hotel am Stadtrand von Medina, bei dem die staubbedeckten Expats noch einmal für eine Nacht Luxus und fließendes Wasser genießen dürfen, geht es fast immer an der alten Trasse der Hedjazbahn entlang Richtung Al Ula. Ich steuere meinen Daihatsu Rocky vorbei an den Schildern, die vor Kamelen warnen, auf Straßen und auf Pisten. Übernachtet wird ansonsten in Zelten. Immer wieder müssen wir an Checkpoints halten, aber da reicht manchmal sogar die falsch herum gehaltene Mitgliedskarte des Philologenverbandes. Wir fahren hier auf historischem Terrain. Die Hedjazbahn wurde dort gebaut, wo die alte Pilgerstraße von Damaskus nach Medina und Mekka führte. Und bereits diese Straße folgte weitgehend dem Verlauf der Weihrauchstraße, einer Karawanenstraße, auf der das getrocknete Harz des Weihrauchbaums, aber auch Gewürze und Edelsteine vom Oman und Jemen aus ans Mittelmeer befördert wurden.

Von der Bahn selbst ist zunächst nicht mehr viel zu sehen. Ab und zu erkennt man Gleise oder Schwellen, die für die Einzäunung von Weiden verwendet worden sind und dann tauchen in regelmäßigen Abständen immer wieder die alten Bahnhöfe auf, die im wilhelminischen Stil der Jahrhundertwende errichtet worden sind und den Stürmen der Zeit ebenso getrotzt haben wie der Rauheit des Wüstenklimas. Überreste verrotteter Güterwagen, ja sogar ganze Lokomotiven, teils von Sand verschüttet, tauchen am Rand der Piste auf. Im Sand finde ich neben Schrauben und anderen verrosteten Überbleibseln eine Stahlplakette mit der Aufschrift "Breslau 1908". Nicht weit davon entfernt: Einschusslöcher an einem Waggon, die wohl nur von den arabischen Stämmen herrühren können, die - angeführt von dem legendären Lawrence von Arabien - um ihre Unabhängigkeit und gegen das Osmanische Reich kämpften. In Madain Saleh beginnt man in jenen Jahren immerhin zaghaft, Historie zu konservieren - in einem wieder aufgebauten Lokschuppen mit einem ziegelgedeckten Dach wird die deutsche Jung-Lok Nr. 964 aus dem Jahre 1906 ausgestellt. Ein wirklich ungewöhnliches Ensemble: die Felsenoase von Al Ula, die wilhelminischen Bahnhöfe und - ganz in der Nähe - die Felsengräber der Nabatäer. Erst 1997 erlaubt Saudi-Arabien, dass die antike Wüstenstadt erforscht werden darf - davon ist während unserer Expedition im Jahre 1987 noch nichts zu spüren. Heute hingegen gehört Madain Saleh zum Welterbe der UNESCO.

Aber zurück zur Bagdadbahn. Da auch die deutsche Seite einen solchen Bahnbau ins Auge gefasst hat – und dabei natürlich eigene Interessen verfolgt – kommt man schließlich zueinander. Nach längerem Gefeilsche nach orientalischer Art und nachdem sich die Gäste dem Wunsch des Sultans gebeugt haben und sich die Mozart-Oper „Die Entführung aus dem Serail" haben anschauen müssen, schließt die von der Deutschen Bank gegründete Anatolische Eisenbahngesellschaft Ende 1899 in einem feierlichen Akt einen Vorvertrag zum Bau der 3200 Kilometer langen Strecke ab. Allerdings sind noch zahlreiche Details zu klären. Dabei geht es auch um die Verteilung der 8,1 Millionen Mark an Bestechungsgelder für die türkischen Minister und Höflinge, bis dann am 16. Januar 1902 der endgültige Vertrag geschlossen werden kann. Im Juli 1903 beginnen die Bauarbeiten und im Oktober 1904 kann der 200 Kilometer lange Streckenabschnitt von Konya nach Bulgurlu in Betrieb genommen werden. Wohl gelaunt sendet Seine Majestät aus Berlin ein Glückwunschtelegramm und feiert darin den deutschen Unternehmensgeist und die deutsche Ingenieurskunst.

Eine Schlüsselrolle nimmt im Rahmen der deutschen Bagdadbahnpolitik Adolf Freiherr Marschall von Bieberstein ein. Von 1890 bis 1897 ist er Staatssekretär des Auswärtigen Amtes gewesen. Seine zahlreichen Widersacher, besonders von agrarkonservativer Seite, reden dem Kaiser ein, dass Marschall ihn „verrate" und ein „parlamentarisches System etablieren" wolle. Daraufhin halftert ihn Seine Majestät mit dem Posten eines Botschafters in Konstantinopel ab. Für Marschall kann es letztendlich nicht gänzlich überraschend gekommen sein, hat er sich doch laut Baronin Spitzemberg „sehr über den Dilettantismus, die Oberflächlichkeit und die Sucht nach Effekten seitens des kaiserlichen Herrn" beklagt.

Zunächst ist Marschall mit seinem neuen Posten in Konstantinopel unglücklich, kommt mit den orientalischen Gepflogenheiten nicht klar, doch dann entwickelt er sich zu einem „ungewöhnlich aktiven Promotor deutscher Wirtschaftsinteressen." Vehement fordert Marschall, dass die geplante Bagdadbahn ein deutsch-nationales Unternehmen werden müsse. Perspektivisch entwickelt er die Idee, dass mit dem weiteren Vordringen deutscher Unternehmen und auch deutscher Ansiedler im Zuge des Eisenbahnbaus das Land von Deutschland wirtschaftlich abhängig gemacht werden müsse, um es später auch zu kontrollieren. Die Vision einer informellen deutschen Herrschaft über den ganzen Orient ist damit entstanden.

Das Deutsche Reich verfolgt in der Tat auch sehr eigene Interessen bei dem Bau der Orienteisenbahn. Zum einen verfolgt man handelspolitische Ziele, denn die von einer deutschen Gesellschaft mit deutschem Personal und deutschem Material betriebene Bahn dient der Öffnung des Osmanischen Reiches für die deutsche Industrie. Zum anderen jedoch gehen die deutschen Interessen darüber hinaus. Man plant eine friedliche Durchdringung des nahezu bankrotten, aber an Bodenschätzen reichen Landes, um es letztendlich in eine von Deutschland abhängige Halbkolonie zu verwandeln.

Des Weiteren kommen militärstrategische Überlegungen hinzu. Der Zentralnerv des Britischen Empire ist Ägypten, vielmehr der Suezkanal, der die entscheidende Verbindung zwischen dem englischen Mutterland und seiner wichtigsten Kolonie Indien herstellt. Die Eroberung Ägyptens durch die Türkei könnte nicht nur diese Verbindung unterbrechen, sondern hätte auch entsprechende Rückwirkungen auf die 60 Millionen moslemische Untertanen des Empire. Ein ausgebautes Eisenbahnsystem in Kleinasien und Syrien als Abzweigung der Bahnlinie nach Bagdad wäre unabdingbar und von entscheidendem strategischen Vorteil, zumal die Türken dadurch in die Lage versetzt würden, einen etwaigen Angriff Englands auf Mesopotamien abwehren zu können.

Alarmiert durch das deutsche Engagement, das zu Recht als Bedrohungspotenzial empfunden wird, beginnen die Briten mit Gegenmaßnahmen. Da die veranschlagten Kosten für das Megabahnprojekt mit 550 Millionen Francs, ungefähr 440 Millionen Mark, nicht von deutschen Banken alleine aufgebracht werden können, soll englisches Kapital beteiligt werden. Die britische Regierung durchkreuzt diesen Plan. Genauso wenig gelingt es, französisches Kapital zu gewinnen. Darüber hinaus kontrollieren besonders England und Frankreich über die Osmanische Schuldenverwaltung die türkischen Staatsfinanzen, sodass sie auch von dieser Seite das Vorhaben sabotieren können. Der Erfolg stellt sich schnell ein. Ab 1904 kommt der Bahnbau für mehrere Jahre fast völlig zum Erliegen. Erst ab 1911 kann der Bau der Orientbahn wieder zügig fortgeführt werden.

Rückkehr nach Arabien

Dezember 2011. Ein Vierteljahrhundert ist seit meinem Flug nach Djidda, dieser Zäsur meines Lebens, vergangen. Im Keller meines Elternhauses stehen immer noch zwei riesige, mit prachtvollen orientalischen Ornamenten versehene Aluminiumkästen, die sich kaum anheben lassen und von denen ich gar nicht mehr weiß, wer sie hier heruntergetragen hat. Diese beiden Boxen enthalten zahlreiche Überraschungen aus einem anderen Leben, einem Leben unter den Saudis. Als ich Anfang der 90er Jahre von Djidda nach Peking ziehe, werden diese beiden „Schatzkisten" von meinem übrigen Hausrat, der mit mir den Weg nach China nimmt, abgesondert und gelangen in meinen niedersächsischen Heimatort.

Während der Jahre in Peking und Singapur habe ich sie nie mehr angerührt. Ab und zu kam der Gedanke auf, eines Tages irgendwo auf der Welt, wenn ich einmal zur Ruhe gekommen sein sollte, einen Platz zu finden, eine Wohnung, ein Haus, in dem es eine südostasiatische, eine chinesische, aber eben auch eine arabische Ecke geben würde. Zwei afghanische Teppiche, einst im Souk von Djidda erstanden, jemenitischer Silberschmuck sowie die schon erwähnte wertvolle alte Jambiyah, die ich ja im südsaudischen Najran am Rande der Rub al Khali auf dem Silbersouk erhandelt hatte, schmücken bereits mein neues Zuhause im Hessischen. Jetzt habe ich eine dieser Kisten geöffnet und fördere einige arabische Erinnerungsstücke zutage: das Portrait eines alten Jemeniten, dessen faltenzerfurchtes Gesicht so viel Charisma und Weisheit ausstrahlt, Bildbände über das Tauchen im Roten Meer und über die Schönheit der Wüste – und – als besonderes Highlight ein schon vergessenes, leicht angerostetes Verbindungsteil eines Schienenstrangs aus einer Stahlfabrik des Deutschen Kaiserreichs, das ich bei der bereits erwähnten Expedition entlang der Hedjazbahn mit meinem Daihatsu Rocky abtransportiert und nach Deutschland geschmuggelt hatte. Wie magisch fühle ich mich von diesem authentischen Stück deutsch-orientalischer und persönlicher Geschichte angezogen, bin fasziniert, kann gar nicht anders, als ihn sofort mitzunehmen in meinem ohnehin schon überschweren Koffer, mitzunehmen in mein neues Zuhause. Als ich das Erinnerungsstück, das provisorisch in eine Tageszeitung von 1992 verpackt ist, in meinem Haus in Maintal kurz darauf näher betrachte, erwacht meine Vorfreude auf das, was in wenigen Tagen Wirklichkeit werden wird: meine Rückkehr nach Arabien. Die Jahreswende werde ich in den Vereinigten Arabischen Emiraten verbringen und ich bin gespannt, inwieweit dort Reminiszenzen an meine saudischen Jahre geweckt werden können. Eigentlich haben meine Freundin Claire und ich diesen Aufenthalt nur gebucht, um nach stressigen Monaten Sonne zu tanken, doch je näher der Termin des Abflugs rückt, desto stärker wird mir bewusst, dass es dort zu einem Rendezvous mit meiner Vergangenheit kommen könnte. Bloße Sentimentalität, weil Abu Dhabi und Dubai im Jahr 2011 nichts mit dem Djidda des 80er Jahre zu tun haben? Jedenfalls fiebere ich dem Wiedersehen mit Arabien mit großen Erwartungen entgegen, so als ob eine lange vergangene Phase meines Lebens wiedererweckt werden könnte.

Seit einer Woche sind wir jetzt in den Emiraten und die Erinnerung an „meine" 80er Jahre ist zurück. Auf Schritt und Tritt werden Assoziationen zu Saudi-Arabien geweckt. Wie in Djidda gibt es in Abu Dhabi eine Corniche, die von Palmen gesäumt ist. Da ist der immerblaue Himmel, das hell- oder türkisblaue Wasser, der weiße Sand. Auf den mehrspurigen Straßen drängen einen die Einheimischen in ihren teuren Sportwagen von der Spur, indem sie bis auf wenige Zentimeter hinten auffahren und die Lichthupe betätigen. Verschleierte Frauen waten durch das seichte

Wasser am Strand, die Rufe des Muezzins gehen mir durch und durch. Der Gold- und Gewürzsouk von Dubai erinnert an die Atmosphäre der Souks in der Altstadt von Djidda. Aber auch die Unterschiede und Widersprüche faszinieren: moderne Urbanität, zwanzig Jahre sei man der übrigen Welt voraus, heißt es, die Superlative – das höchste Gebäude des Welt, das teuerste Hotel der Welt - Paläste von unglaublichem Prunk wie der Emirates Palace, der von einem Singapurer Architekten konzipiert wurde und der einen Strand besitzt, dessen Sand aus Algerien eingeführt worden ist, weil dieser Sand nicht an der Haut klebe. An einem Abend besuchen wir die erst vor kurzem fertig gestellte drittgrößte Moschee der Welt, die Sheikh Zayed Bin Sultan Al Nahyan Moschee. Und da ist – natürlich – die Wüste! Nach vielen, vielen Jahren kehre ich zurück in die Rub al Khali, die größte Sandwüste der Welt. Von der Oasenstadt Najran im Süden des Königreichs waren wir ja damals in den Achtzigern in das „Leere Viertel" aufgebrochen und waren von den Dünen dieser bizarren Landschaft überwältigt. Nun sitzen Claire und ich auf der Terrasse eines orientalischen Märchenpalastes, der inmitten der Wüste steht – dem Amamtara Qasr Al Sarab. Wir waren morgens zunächst auf der wichtigsten Verkehrsachse der Emirate, der 11, in östliche Richtung gefahren und kurz nach einem Tankstopp nach links in die E45 abgebogen und so nach insgesamt etwa 2 ½ Stunden Fahrt über Madinat Zayed in den Hauptort der Oase Liwa gelangt, Mezaira'a. Unterwegs ist der Wind immer stärker geworden und kräuselt sich in facettenreichem Variationsspiel über den

Asphalt, eine Zeitlang sieht es sogar nach einem richtigen Sandsturm aus, doch dann beruhigt sich das Wetter wieder. Nach einigen vergeblichen Bemühungen finden wir die Straße, die zur Moreeb-Düne führt. Dort erwartet uns eine Überraschung: Es findet ein Kamelrennen statt, und da alle auf das verspätete Eintreffen des Scheichs warten müssen, beginnt das Rennen, nachdem der Schirmherr der Veranstaltung per Hubschrauber eingeflogen worden ist, eine Stunde später – unser Glück! Wir erleben sehr authentische Impressionen von dem Drumherum des Rennens, die Einheimischen, die parallel zu den Kamelen um den Kurs mit großem Gehupe in ihren Geländewagen herumfahren, die Kameltreiber, die die Dromedare, die mit einem Roboter auf dem Höcker laufen, im Ziel einzufangen versuchen. Die dürren, geradezu athletisch wirkenden Tiere zeichnen sich durch eine kaum zu erwartende Eleganz aus, die Geschwindigkeit, die sie auf dem drei Kilometer langen Rundkurs aufnehmen, überrascht ebenfalls. Am späten Nachmittag verändert sich das Licht, die Schatten werden langsam wieder länger, die Sanddünen rechts und links der kleinen Straße wirken jetzt noch malerischer, noch imposanter. Aus den Autolautsprechern hören wir die Klänge von Chris Rea, „Nothing to fear". Von Mezaira'a aus geht's dann zu den östlichen Dörfern der Oase Liwa. Palmen, Lehmhäuser, kleine Farmen, dann fahren wir über einen schmalen Weg kurz vor Hameem nach rechts, immer weiter hinein in die Rub al Khali, bis vor uns dieser prächtige Palast auftaucht. Kurz vor Sonnenuntergang sitzen wir nun also auf der Terrasse dieses Palastes, der an Tausendundeine Nacht erinnert. Wir lassen uns türkischen Kaffee und Datteln bringen. Als ich an dem Kaffee nippe, das Kardamon schmecke und auf die weite Wüstenlandschaft hinausschaue, scheint die Zeit stehengeblieben zu sein. Von Minute zu Minute verändert sich das Licht, es ist ein Naturschauspiel, das mich wie damals in seinen Bann schlägt. Plötzlich sitze ich wieder auf „meinem" Berg bei den Mekka-Abwässern in der Tihama, ich vergesse alles um mich herum, die Wüste hat mich wieder, die Gedanken verlieren sich in der Weite. Alles kommt zur Ruhe, eine beruhigende Stille breitet sich aus, während das Abendlicht das Sandmeer um uns herum in immer wieder neue Farben taucht. Die Illusion, dass alles, alles gut ist, scheint mit der Realität zu verschmelzen. Die Seele kommt zur Ruhe, man muss keine Angst mehr haben. There's nothing to fear. Nothing to fear...

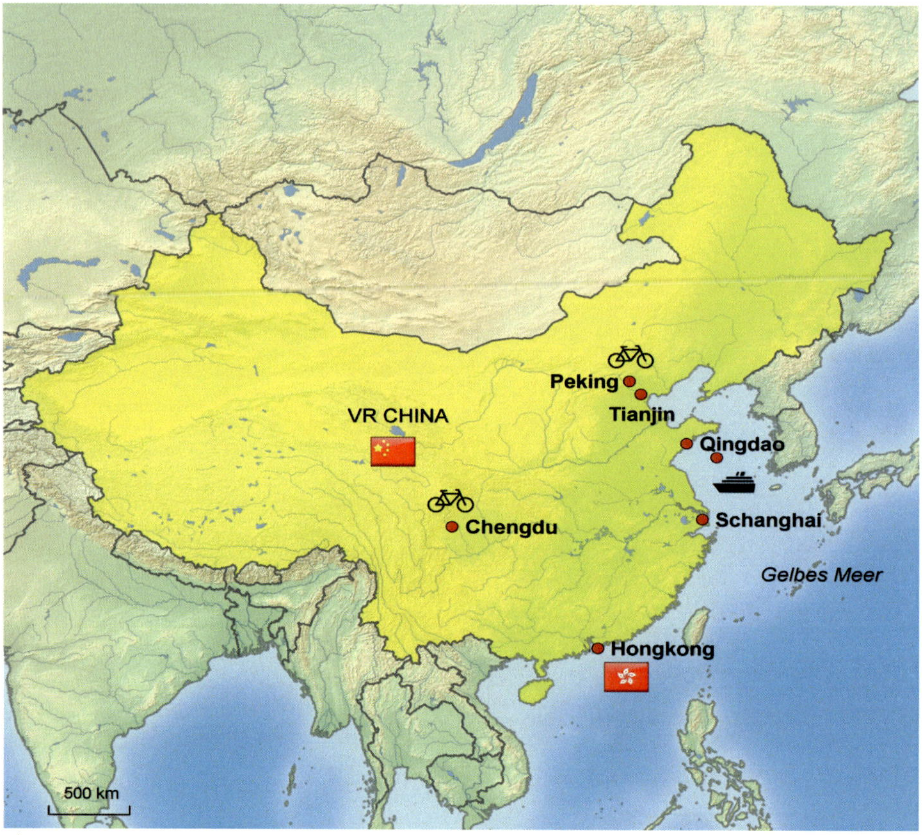
Peking
Tianjin
VR CHINA
Qingdao
Chengdu
Schanghai
Gelbes Meer
Hongkong
500 km

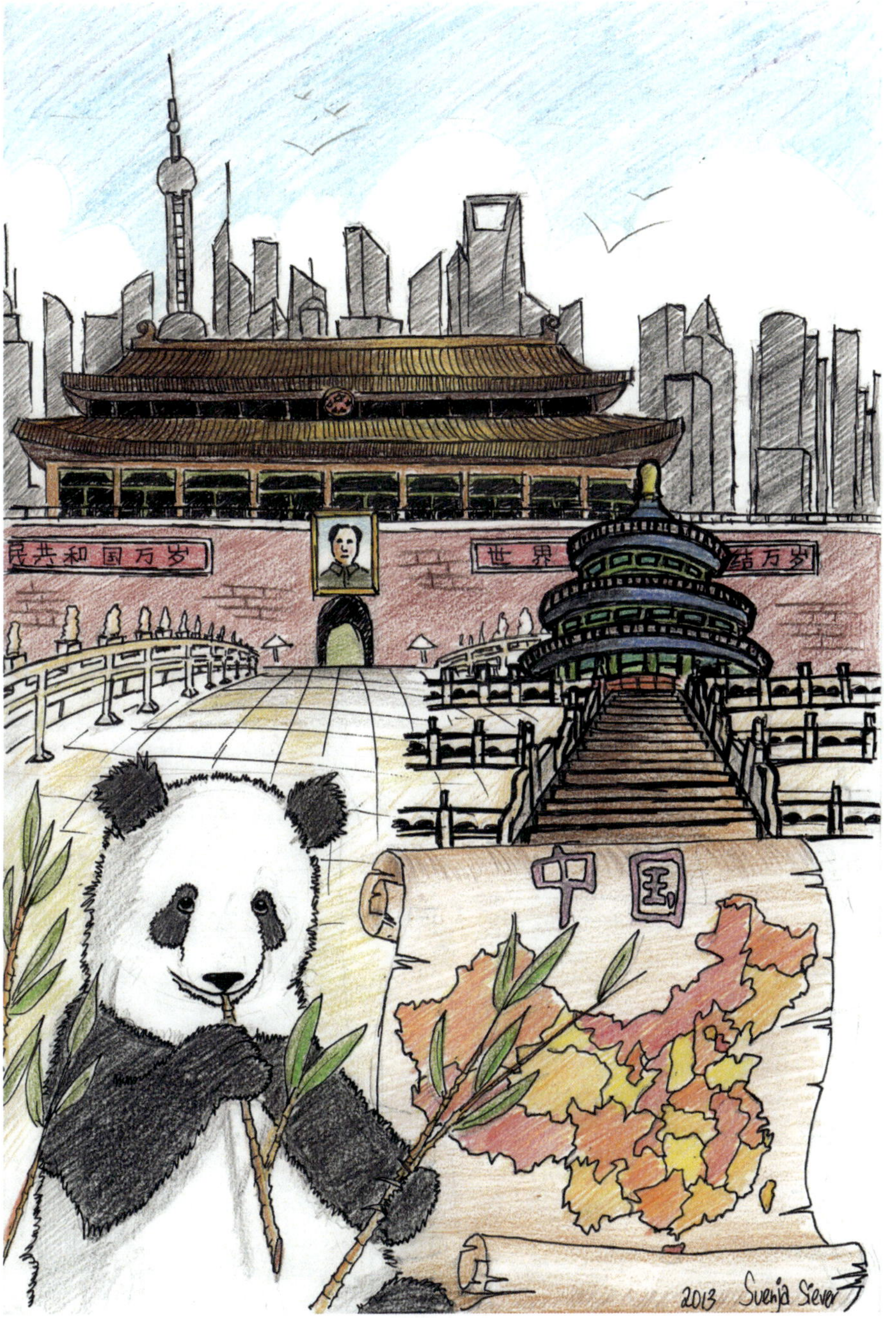

民共和国万岁
世界
结万岁
中国
2013 Svenja Siever

II. China – Drei Tage in Peking

Aus dem Wasser wächst eine Lotusblüte. China! China! China! Noch einmal Peking. Über die Kopfhörer dringen die Klänge einer Guzhen an mein Ohr. Die Sinne verwirren sich. Das Ende der asiatischen Jahre.
Flug SQ 822 von Singapur nach Peking. 16. Mai 2008. Zwiespältige Gefühle. In drei Monaten beginnen die Olympischen Spiele, aber vor vier Tagen bebte die Erde. Erinnerungen an das Jahr 1976, als ein Erdbeben den Höhepunkt eines Unglücksjahres markierte, in dem Mao Tse Tong starb. Und nun 2008. Erst die Schneekatastrophe und nun Bilder des Entsetzens aus Sichuan. Zehntausende von Toten. Verzweiflung. Tränen. 88 Tage vor Beginn der Spiele am 8.8. Und dann Tibet. China am Pranger. Die Welt ist wütend. China ist wütend. Wut und Trauer im Frühling 2008 in einem Land, das eigentlich seine neue Offenheit präsentieren wollte.
So ist China. Unberechenbar. Aber wenn es einen erst einmal gefangen hat, gibt es kein Entrinnen mehr. Hässliches und Schönes, Aggressives und Graziöses, Anziehendes und Abstoßendes, alles liegt hier so nah beieinander und vermischt sich. Wenn man sich auf all dies einlässt, gibt man irgendwann bald willenlos der Versuchung nach.

Wilhelms Griff nach China

Berlin, 1897. Schon seit längerem ist Seine Majestät Kaiser Wilhelm unzufrieden mit seinem Gesandten Schenck zu Schweinsberg in Peking. Für des Kaisers Geschmack ist er zu nachgiebig und wenig schneidig. Dabei hat Wilhelm sich doch seit geraumer Zeit schon in den Kopf gesetzt auch endlich etwas in China zu bewegen. Es könne nicht sein, so der Kaiser, dass sein mächtiges Deutsches Reich auch hier im Wettrennen der Großmächte um Einfluss und Macht in der Welt zu spät komme. Nun also ist Edmund Freiherr von Heyking neuer Kaiserlicher Gesandter in Peking. Heyking ist ganz nach kaiserlichem Geschmack. Nur mit Gewalt sei Chinapolitik möglich, ruft Heyking aus.

Während der Gesandte von Heyking Ende Oktober 1897 die neue deutsche Niederlassung in Hankou am Yangtze besucht, macht Seine Majestät Schiff „Cormoran" im gegenüberliegenden Wuchang fest. Bei dem Kleinen Kreuzer „Cormoran" handelt es sich um ein recht neues Schiff, das 1893 in Dienst gestellt worden ist. Mit einer Länge von 82,6 Meter, einer Breite von 12,7 Meter, einer Wasserverdrängung von 1800 Tonnen, seinen acht Geschütze vom Kaliber 105 mm und einer Besatzung von 160 Mann Besatzung ist das deutsche Kanonenboot durchaus geeignet, einen tiefen Eindruck bei der Bevölkerung zu hinterlassen. Während man an Bord der „Cormoran" geduldig auf die Rückkehr des Gesandten wartet, zeigen sich einige Chinesen allerdings nicht sonderlich respektvoll gegenüber der deutschen Militärmacht.

In der Mittagshitze des 31. Oktober folgt der Kommandant der „Cormoran" Korvettenkapitän Reinhard Brussatis und mehrere seiner Offiziere in Zivil der Einladung zum Frühstück von Premierleutnant a. D. Genz. Letzterer erwartet die Offiziere mit Tragsesseln an der Landestelle von Wuchang. Gleichzeitig hat sich dort auch eine neugierige Menschenmenge von vielleicht 500 Leuten eingefunden. Kaum setzt der kleine Trupp sich in Bewegung, als aus der Menge, die sich bis dahin ruhig verhalten hat, ein großes Geschrei, ähnlich dem deutschen Hurra, ausbricht. Auf Brussatis macht dies einen befremdlichen Eindruck, denn solch ein Verhalten ist eher ungewöhnlich für Chinesen. Nach ungefähr zwei bis drei Minuten fliegt Brussatis ein Stein an den Unterschenkel, der zweite geht vorbei, dann ein dritter, der ihn wieder am linken Unterschenkel trifft und schließlich ein vierter, der wiederum vorbeigeht. Sofort dreht sich Brussatis um, doch in der Menschenmenge kann er die Übeltäter nicht ausmachen. Er beschließt zunächst nicht auf den Vorfall zu reagieren. Nun beruhigt sich die Menge und die Offiziere setzen ihren Weg fort.

Nur kurze Zeit später erregt sich die Menge wieder und weitere Steine, die die Größe einer ausgewachsenen Kartoffel haben, treffen die Offiziere am Oberarm, Schulter und Nacken. Dann wird es wieder ruhiger und sie setzen ihren Weg ungestört fort. Auch auf dem Rückweg zum Boot bleiben die Deutschen unbehelligt. In der Zwischenzeit wird die Besatzung des wartenden Dampfbeibootes von der Menge unter Geschrei mit Steinen und Unrat beworfen. Zwar wird kein Matrose direkt getroffen, doch voller Wut stürmt der Bootsführer, Torpedo-Oberbootsmaat Paris, die Treppe hinauf, um einen Übeltäter zu fassen. Zunächst sprengt die Menge auseinander, um im selben Moment wieder zusammenzukommen. In diesem Moment ertönt ein Pfeifsignal aus der nahe gelegenen Baumwollspinnerei und bis auf wenige Menschen strömen alle in die Fabrik. Die Mittagspause ist zu Ende. Beim Vorbeilaufen wird Paris von einzelnen Leuten mit der Faust in die Seite gestoßen. Einen von ihnen kann Paris festhalten und er verabreicht ihm einige Ohrfeigen. Die anderen verhalten sich nun ruhig.

An Bord der „Cormoran" zurückgekehrt begibt sich Brussatis sofort zum Gesandten von Heyking und setzt ihn über die Vorfälle in Kenntnis. Von Heyking ist aufgebracht und informiert, ohne eine Minute zu verlieren, telegraphisch das Auswärtige Amt in Berlin über den Vorgang, während Brussatis den Kommandierenden Admiral in Berlin und den Chef der Kreuzerdivision, Konteradmiral Otto von Diederichs, in Kenntnis setzt. Im Schreiben an den Staatssekretär des Reichsmarineamtes Tirpitz wird deutlich, dass es sich hier nicht nur um eine Respektlosigkeit, sondern vielmehr um eine Ungeheuerlichkeit handelt. Auf die kleine Besatzung des Dampfbeibootes, „<u>das die Flagge gesetzt hatte</u>" (Unterstreichung im Original), seien Steine und Unrat geworfen worden. Ein chinesischer

„Volkshaufen", ja ein Pöbel, habe sich also erdreistet, die Kaiserliche Flagge zu beschmutzen. Das hätten die Chinesen nicht tun dürfen. In Berlin klagt Kaiser Wilhelm lautstark an: „Meine Flagge ist gekränkt." Die Frage lautet für ihn jetzt nur noch: Soll ein militärisches Vorgehen gegen China befohlen oder nur Satisfaktion gefordert werden?

Während man im fernen Berlin noch berät, macht Freiherr von Heyking dem Generalgouverneur der Provinzen Hubei und Hunan, Zhang Zhidong, auf die Notwendigkeit einer Satisfaktion aufmerksam. Der Generalgouverneur reagiert sofort und drückt in einem Telegramm sein lebhaftes Bedauern über den Vorfall aus. Doch dann trifft ein weiteres Telegramm ein, das von Heyking über die Ermordung zweier deutscher Missionare in der Provinz Shandong informiert. Einen noch besseren Vorwand für ein deutsches Vorgehen in China kann es gar nicht geben. Also heißt es nun, den hiesigen Vorfall baldmöglichst abzuschließen. Um nicht noch größeren Zorn auf sich zu ziehen, reagieren auch die chinesischen Verantwortlichen schnell. So werden acht Übeltäter festgenommen, davon sind fünf halbwüchsige Arbeiter und Lehrlinge der Baumwollfabrik und drei an dem Landeplatz beschäftigte Lastträger. Allesamt sind es gänzlich unwissende und ungebildete Leute. Jeder von ihnen erhält zunächst einmal fast 100 Schläge mit schwerem Bambus. Sodann wird ihnen das hölzerne Halsband umgelegt und sie werden als warnendes Beispiel an dem Landeplatz aufgestellt. Nach dieser harten Bestrafung sollen sie noch einmal mit schwerem Bambus ordentlich gezüchtigt werden. „Das ist", so Generalgouverneur Zhang Zhidong in seinem Bericht an den deutschen Gesandten, „in der That eine ganz außerordentliche Strenge!"

Am 6. November erscheint der Taotai (Provinzbeamter) von Hankou mit seinem Gefolge an Bord S.M.S. „Cormoran", wo der Gesandte von Heyking, die Dolmetscher Cordes und Krebs, Kommandant Brussatis und einige seiner Offiziere bereits warten. Der Akt der Überreichung und Verlesung des vom Generalgouverneur persönlich unterschriebenen Entschuldigungsschreibens findet in der Kajüte statt. Anschließend wird alles für den zu feuernden Salut verabredet.

Am darauffolgenden Tag lässt Brussatis die Anker lichten und dampft langsam stromabwärts, um möglichst genau um 12 Uhr an der Stelle zu sein, wo der Salut abgefeuert werden soll. Beim Passieren der Landebrücke, an welcher der Vorfall stattgefunden hat, sieht er die acht bestraften Chinesen, die auf der Brücke mit ihren hölzernen Halskragen sitzen. Eine große Menschenmenge hat sich mittlerweile eingefunden und schaut dem Passieren des Kriegsschiffes aufmerksam zu. Als die „Cormoran" um die letzte Ecke der Stadt dampft und von den chinesischen Kriegsschiffen gesehen werden kann, fällt der erste Schuss des Saluts von einem chinesischen Kriegsschiff, das die deutsche Kriegsflagge im Topp gehisst hat. Brussatis dampft so schnell wie möglich auf und hält sich während des Saluts von 21 Schuss etwa 150 Meter entfernt. Sobald der 21. Schuss gefallen ist, lässt Brussatis mit hart Ruder und äußerster

Kraft umdrehen und dampft davon. Damit ist der geforderten Satisfaktion Genüge getan worden und diese Angelegenheit erledigt, nicht jedoch die im südlichen Shandong.

Unruhe im Nordosten Chinas. Unruhe bei vielen Chinesen, die das immer weitere Vordringen des christlichen Glaubens fürchten. Unruhe auch in den chinesischen Christengemeinden, die sich vor immer häufigeren Überfällen ängstigen. Unruhe bei den Missionaren, die ihre Arbeit immer stärker bedroht sehen. Das ist die Situation zum Allerheiligenfest am 1. November 1897, als sich die Missionare der Steyler Mission, Richard Henle und Franz Nies, in der Christengemeinde Zhangjiazhuang im Kreis Juye, südliches Shandong, treffen. Anwesend ist auch der dortige Rektor Georg Stenz. Ihre Stimmung ist gedrückt. Ein in der Nacht zuvor erfolgter Überfall auf die Kirche in einer benachbarten Ortschaft, bei dem der Katechist Tien Josef halb tot geprügelt wurde, hat dafür gesorgt.
Wie zum Trotz singen die drei Missionare heimatliche Volkslieder, während es draußen regnet. Pater Stenz begleitet sie auf der Zither. Anschließend üben sie das Requiem für den nächsten Tag ein und singen „Erbarmt euch meiner, wenigstens ihr meine Freunde." Von den Anstrengungen des Tages erschöpft, begeben sie sich um 22 Uhr zur Ruhe. Pater Stenz schläft in dem kleinen Pfortenzimmer, während seine Gäste im Hauptzimmer ruhen. Gegen 23 Uhr nimmt das Unheil seinen Lauf.

Gerade im ersten Schlummer hört Pater Stenz einen Schuss vor seinem Fenster. Dann folgt Schuss auf Schuss und anschließend entsetzliche Schreie. 30 bewaffnete Chinesen brechen Tür und Fenster zum Schlafraum von Nies und Henle auf, dringen ins Zimmer ein und stürzen sich mit „Sha! Sha!"-Rufen (Mordet! Mordet!) auf die beiden. Mit Lanzen stechen sie auf die Missionare ein, bis sie sich nicht mehr regen. Mit dem Ruf „Wo ist der Langbart? Er soll sterben" suchen sie im Hof und im Garten nach Pater Stenz. Als sie ihn nicht finden, verschwinden sie so schnell, wie sie gekommen sind. Der ganze Spuk hat gerade einmal eine Viertelstunde gedauert.

Stenz hört ein Röcheln aus dem Nebenzimmer. Trotz aller Gefahr eilt er hinaus und findet seine Mitbrüder blutüberströmt. In der Hoffnung, dass noch Leben in ihnen ist, spendet er ihnen die sakrale Absolution und die Krankenweihe. Doch es ist zu spät. Beide sind tot. Das Zimmer sieht fürchterlich aus, der Boden ist mit Blut befleckt, selbst die Wände sind voller Blutspuren. Alles ist zertrümmert und geraubt. Stenz verbringt eine schreckliche Nacht mit der Totenwache. Die Leichenschau am Morgen macht deutlich, mit welcher Wut hier vorgegangen worden ist. Pater Nies weist sieben große und sechs kleinere Stichwunden auf, Pater Henle fünf große und vier kleinere Wunden. Pater Nies hat man den Kopf gespalten, Arm und Lunge vollständig durchstochen, sein Unterleib weist mehrere Wunden auf. Pater Henle hat ebenfalls Wunden am Unterleib erlitten, die Finger der beiden Hände, mit denen er sich wahrscheinlich gegen die Messerhiebe schützen wollte, sind fast vollständig abgeschnitten.

Die Suche nach den Mördern beginnt. Und tatsächlich, innerhalb von vier Tagen werden 40 Leute verhaftet. Nur – sie sind alle unschuldig. Nach acht Tagen – endlich, so will man der Welt glauben machen - die richtige Fährte. Es werden Räuber gefangen und sie bekennen sich schuldig. Aber ob es wirklich die Richtigen sind? Die Volksstimme verneint dies und bei der bekannten chinesischen Rechtspflege sind tatsächlich Zweifel erlaubt. Nach Wochen erfährt man schließlich, dass die fremdenfeindliche Geheimgesellschaft der „Großen Messer" („Dadaohui") hinter der Bluttat steckt. Aber zu diesem Zeitpunkt ist die Erkenntnis nur mehr von untergeordneter Bedeutung.

Berlin, 6. November. Am Morgen dieses trüben Tages beschäftigt sich Kaiser Wilhelm in seinem Neuen Palais in Potsdam gerade mit der Tagespresse, als er einen Bericht über die Ermordung der beiden deutschen Missionare liest. Diese Nachricht elektrisiert ihn. Endlich ist der lang ersehnte Vorwand für ein militärisches Vorgehen in China gegeben. Am Mittag schon richtet der Kaiser eine Rückfrage an das Außenministerium. Er fordert ausgiebig Sühne durch energisches Eingreifen der Flotte und will endlich die als schwach angesehene Politik Deutschlands in Ostasien beenden. Mit voller Strenge und brutalster Rücksichtslosigkeit gegenüber den Chinesen gelte es zu zeigen, „dass der Deutsche Kaiser nicht mit sich spaßen lässt und es übel ist, denselben zum Feind zu haben." Um 15 Uhr erteilt Wilhelm dem deutschen Ostasiengeschwader in Shanghai den Befehl zum Auslaufen. Ziel: die Bucht von Kiautschou.

Schwarzer Qualm schießt aus den schlanken, hohen Schloten des stählernen Ungetüms in den frühabendlichen Himmel des immer noch geschäftigen Shanghai. Rasselnd werden die Ankerketten hochgezogen, jeder Mann ist auf seinem Posten, jeder Handgriff sitzt. Das massige Schiff setzt sich in Bewegung, Fahrt wird aufgenommen. Das Flaggschiff des Ostasiengeschwaders der Kaiserlichen Marine läuft aus, diesmal nicht zu Übungszwecken, diesmal ist es der Ernstfall, lang ersehnt. Zu Täuschungszwecken und um die Fassade der Friedfertigkeit aufrechtzuerhalten, laufen die beiden anderen Stahlkästen erst am nächsten Morgen, wenn das friedliche Shanghai erwacht, aus.

Kurz zuvor ist per Telegramm aus Berlin der eindeutige Befehl eingetroffen: „Gehen Sie augenblicklich mit dem ganzen Geschwader [nach] Kiautschou, besetzen Sie geeignete Punkte und Ortschaften dort selbst und erzwingen Sie von dort in Ihnen geeignet erscheinender Weise vollkommene Sühne. Größte Energie geboten. Zielpunkt Ihrer Fahrt geheim halten. Wilhelm I[mperator] R[ex]".

Derjenige, der ihn in die Tat umsetzen soll, ist der vierundfünfzigjährige, an einer chronischen Lungenkrankheit leidende Otto von Diederichs, Konteradmiral und Kommandeur des Ostasiengeschwaders. Er ist des Kaisers Admiral im Fernen Osten, ein Mann der Initiative und damit ganz nach dem Geschmack seines obersten Kriegsherrn. Der Historiker Wolfgang Petter bezeichnet ihn als „eine Symbolfigur des Wilhelminischen Imperialismus par excellence". Seine wesentlichen Charakterzüge werden mit Mut, Gelassenheit, klare und schnelle Entschlusskraft, eiserner Wille, Pflichtgefühl, absolute Zuverlässigkeit in allen Dingen und Gutwilligkeit gegenüber jedermann beschrieben. Elisabeth von Heyking, Ehefrau des Gesandten in China, bestätigt diese Charaktereigenschaften und fügt hinzu, dass er im positiven Sinne ein einfacher Mann im Gegensatz zu den vielen Ehrgeizlingen in ihrem Bekanntenkreis sei.

Mit dem Telegramm vom 8. November erfüllt sich von Diederichs schon lang gehegte Hoffnung, endlich gen Kiautschou fahren zu können. Mit diesem Befehl ist die Verantwortung für den Einsatz auf mich übertragen worden, notiert er zufrieden in sein Tagebuch. Doch so ganz gewaltig wirkt das zum Auslaufen bereite Geschwader nicht. Diederichs hat gerade einmal drei Kriegsschiffe zur Verfügung. Nur Großer Kreuzer „Kaiser", ein behäbiger Stahlkasten aus dem Jahr 1874 von 8800 Tonnen und acht 260 mm Geschütze, die Kleinen Kreuzer „Prinzeß Wilhelm", 50 Tonnen, vier 150 mm Geschütze und der uns schon bekannte „Cormoran", der allerdings noch den Yangtze stromabwärts Richtung Shanghai fährt, sind einsatzbereit, während sich der moderne Kleine Kreuzer „Irene", 5000 Tonnen mit vier 150 mm Geschütze und die ältliche Korvette „Arcona", 2600 Tonnen, zehn 105 mm Geschütze zur Reparatur befinden.

Ein weiteres Problem für Diederichs ist Geheimhaltung. Er fürchtet, dass andere europäische Mächte noch intervenieren oder die Chinesen Tsingtao entscheidend verstärken könnten, sobald seine Mission bekannt werden würde. Deshalb verkündet er, dass er mit „Kaiser" nördlich nach Kiautschou zur zuvor angekündigten Schießübung und „Prinzeß Wilhelm" und „Cormoran" nach Süden zu einer Antipiratenpatrouille auslaufen werden. Währenddessen lässt er in aller Heimlichkeit die für den Handstreich notwendigen Versorgungsgüter ankaufen und chinesische Dolmetscher anwerben.

Am 12. November treffen sich die drei Kriegsschiffe am vereinbarten Rendezvouspunkt und dampfen anschließend in Linie mit dem Flaggschiff an der Spitze ihrem Ziel entgegen. Um Mitternacht ruft Diederichs die Kapitäne zu sich an Bord und erläutert ihnen seine Pläne. Am Morgen des 14. November soll der Angriff auf Tsingtao mit einem Schiffsbombardement beginnen und anschließend die Marineinfanterie direkt am Strand an der dem Meer zugewandten Seite Tsingtaos landen.

Am frühen Morgen des 13. November zeichnen sich die Konturen von Land am Horizont ab. Das Ziel ist erreicht: Die Bucht von Kiautschou. Die starke Strömung von Ebbe und Flut beschert der Bucht tiefe Fahrrinnen und Eisfreiheit. Gute Deckung und Schutz vor Stürmen zeichnen ihre Lage aus. Gefechtsklar liegen die Kriegsschiffe vor Tsingtao, einem kleinen Fischerort am Gelben Meer mit wenigen hundert Einwohnern. Als keine Verteidigungsmaßnahmen erkennbar sind, ist Diederichs klar, dass seine Geheimhaltungsmaßnahmen erfolgreich gewesen sind. Deshalb entschließt sich der Admiral unter dem Vorwand eines Freundschaftsbesuches an Land zu gehen, um die Gegend und die chinesische Verteidigungsbereitschaft zu erkunden. Die Garnison besteht aus 3000 Soldaten unter dem Kommando von General Zhang Gaoyuan. Die eine Hälfte seiner Truppen liegt in dem Ort selber, während die andere Hälfte sich auf die vier äußeren Forts und die Artilleriebatterie verteilt. Diederichs hingegen verfügt nur über weniger als 1000 Mann.

Allerdings haben die Deutschen eine qualitative Überlegenheit. Diederichs Marineinfanteristen verfügen über moderne Mausergewehre, 8 mm Maschinengewehre und Feldartilleriegeschütze, die Chinesen hingegen über veraltete, meist verrostete M/71 Jägerbüchsen. Die einzige reale Gefahr könnte von der Geschützbatterie der Garnison kommen. Sie verfügt über vierzehn 80 mm Krupp-Kanonen aus den 1870er Jahren. Deshalb beschließt Diederichs den Landungsplatz zu ändern und nicht an dem engen Strand unter den Kanonen zu landen, sondern direkt an der Pier.

General Zhang Gaoyuan ist vollkommen überrascht von der deutschen Aktion. Zunächst glaubt er, die deutschen Schiffe wollen nur ein paar Tage vor Anker bleiben und dann wieder aufbrechen. Doch am nächsten Morgen, einem Sonntag, müssen die Chinesen erkennen, dass sie sich getäuscht haben. Es ist ein klarer und kühler Morgen mit einem leicht östlichen Wind. 6 Uhr, alle Schiffe sind gefechtsklar, die Hauptgeschützbatterien besetzt und die Granaten in den Geschützrohren. Warten auf den Einsatzbefehl. 30 Offiziere, 77 Unteroffiziere und 610 Matrosen steigen in die Landungsboote. Obwohl Diederichs weiß, dass die Chinesen unvorbereitet sind, könnten sie trotzdem unter Gewehrbeschuss geraten. Deshalb wird die erste Welle schnell an die Pier gebracht, schwärmt gefechtsmäßig aus und bezieht die ihnen zugewiesenen Stellungen. Die zweite Welle inklusive Diederichs selber und seine Stabsoffiziere folgen unmittelbar danach.

Unter den Klängen des Preußenmarsches und unter Begleitung einer großen Menge schaulustiger Chinesen formieren sich nun zwei Marschkolonnen am Fuß der Pier. Diederichs, zu Pferd, marschiert mit einer Abteilung direkt in den Ort in Richtung Hauptgarnison und Artilleriebatterie, einen andere besetzt die äußeren Forts und das Pulvermagazin. Eine kleine Spezialeinheit rückt in den Ortskern vor, um die Telegrafenleitung zu kappen, sodass General Zhang Gaoyuan keinerlei Befehle von seinen Vorgesetzen einholen kann. Dann tauchen plötzlich zwei Bataillone chinesischer Truppen auf. Spannung. Nervosität. Kommt es zum Schusswechsel? Dann – aufatmen. Die Chinesen sind in Formation vor ihrem Hauptfort angetreten und unternehmen keinen Versuch, Diederichs Vormarsch zu stören.

Diederichs trifft Zhang Gaoyuan auf dem Exerzierplatz, man tauscht Höflichkeiten aus, dann konfrontiert der Deutsche den Chinesen mit einem Ultimatum. Unter Zurücklassung von Geschützen und Munition, aber unter Mitnahme ihrer Gewehre, müssen die chinesischen Truppen innerhalb von drei Stunden abrücken. Wie aus heiterem Himmel sind die Ereignisse über die Chinesen hereingebrochen und da die Deutschen die Telegrafenleitung zerstört haben, kann Zhang Gaoyuan keinerlei Befehle seiner Vorgesetzten aus Peking einholen. Den völlig überrumpelten Chinesen macht Diederichs eindringlich klar, dass jeglicher Widerstand nutzlos sei und nur zu unnötigem Blutvergießen führen werde. Nach Konsultationen mit seinen Offizieren ziehen die chinesischen Truppen schließlich ab.

Ein Angehöriger der Marine berichtet in einem Brief in die Heimat überheblich über die weitere Entwicklung: „Die [chinesischen] Soldaten und was sonst noch herumlag bekamen Zeit, ruhig, aber in aller Eile die Sachen zu packen und abzuziehen, es lagen hier 600 bis 700 Mann. Dann wurden wir in die elenden Lehmhäuser mit Schuppen, etwa 50 an der Zahl, verteilt; das Erste war, den Boden von Schmutz und sonstigem Unrath zu reinigen, denn bekanntlich sieht es in chinesischen Wohnräumen eher nach einem Schweinestall aus als nach menschlichen Wohnungen."

Dessen ungeachtet nimmt die Prozedur der Landnahme - oder soll man lieber von einem Piratenstück sprechen? - seinen Fortgang. Um 14.20 Uhr lässt Diederichs zum Zeichen der Besetzung die Kaiserliche Kriegsflagge „mit drei Hurrahs auf Seine Majestät den Kaiser" feierlich hissen.

S.M.S. „Prinzeß Wilhelm" salutiert dieselbe mit 21 Schuss, die Schiffe setzen Toppflaggen.

Unmittelbar nach der Landnahme verliest von Diederichs eine Proklamation an das chinesische Volk. Mit klarer, fester Stimme verkündet er: „Ich, der Chef des Kreuzergeschwaders, Kontre-Admiral v. Diederichs, mache hiermit bekannt, dass ich auf Allerhöchsten Befehl Seiner Majestät des deutschen Kaisers die Kiautschou-Bucht und die vorliegenden Inseln [...] besetzt habe. [...] Ich fordere hiermit alle Bewohner, ohne Unterschied des Standes, Geschlechts und Lebensalters auf, ruhig wie bisher ihren Geschäften nachzugehen und sich nicht durch böswillige Gerüchte, die von Unruhestiftern ausgesprengt werden, aufregen zu lassen. [...] Die Besetzung ist durchaus nicht als eine feindliche gegen China gerichtete Haltung anzusehen, es wird durch sie im Gegenteil die Erhaltung der freundschaftlichen Beziehungen zwischen Deutschland und China erleichtert werden. Die deutschen Behörden werden die freundlichen Bürger in ihrem Handel und Wandel schützen und Ruhe und Ordnung aufrechterhalten, aber Übeltäter streng nach dem geltenden chinesischen Recht bestrafen. Sollten Ruchlose etwas gegen die anwesenden Deutschen unternehmen, so verfallen sie den strengen deutschen Kriegsgesetzen. Ich ermahne daher nochmals diejenigen, die es betrifft, sich in die deutsche Schutzherrschaft zu fügen und sich nicht durch Widergesetzlichkeit, die doch nutzlos sein würde, Unannehmlichkeiten zuzuziehen.

Die chinesischen Behörden und Beamten in den von deutschen Truppen besetzten Orten sollen ungestört in Tätigkeit bleiben und gewissenhaft und ordentlich ihre Amtspflicht erfüllen.

Jeder lese und gehorche!"

Damit macht Diederichs klar, Zuckerbrot für diejenigen, die gehorchen, Peitsche für diejenigen, die meinen, sich den deutschen Besatzern entgegenstellen zu müssen. Mit diesen wohl gewählten Worten spricht der Admiral das Wesen der künftigen kolonialen Herrschaft an: eine wohlmeinende Diktatur.

Diederichs schlägt sein Hauptquartier in Zhangs ehemaligem Büro auf und ordnet an, dass die gekappten Telegrafenleitungen wieder hergestellt werden sollen. Zu seiner Überraschung sind zwei verschlüsselte Kabel direkt an ihn adressiert eingegangen. Da das Codebuch sich noch an Bord der „Kaiser" befindet, muss er mit dem Dechiffrieren warten. In der Zwischenzeit sendet er in Klartext nach Berlin: „Befehl ausgeführt. Alles ruhig." Nachdem das Codebuch geholt worden ist und die Telegramme entschlüsselt worden sind, muss er zu seinem Erstaunen feststellen, dass sein ursprünglicher Befehl widerrufen und er angewiesen worden ist, seine Operationen gegen Kiautschou einzustellen.

Vizeadmiral Otto von Diederichs. Erinnerungsporträt zum 14. November 1897 (BArch Nachlass Brandt/Glasplatte 5)

Plötzlich hat man in Berlin Angst vor der eigenen Courage bekommen. Reichskanzler Hohenlohe-Schillingsfürst, die einflussreichen grauen Eminenzen Holstein und Eulenburg, ja selbst Tirpitz befürchten, dass die Aktion zu Komplikationen mit Russland und England führen und dass es zu einer ernsthaften Auseinandersetzung mit China kommen könne. Auf ihr Drängen bei Kaiser Wilhelm II. wird Diederichs schließlich telegrafiert, dass eine Besetzung unterbleiben solle, wenn China die deutschen Forderungen erfülle. Doch – wie wir wissen - zu spät. Was soll nun geschehen? Diederichs steht unter großer Anspannung, da er nicht weiß, was die Beweggründe für die Telegramme gewesen sind und wie das nächste lauten wird. Doch dann Erleichterung. Gratulation zur Besetzung. Die

Proklamation bleibt bestehen, lauten die Worte aus Berlin. Durch Diederichs schnelle und präzise Operation hat er ein Fait accompli geschaffen, sodass der Kaiser kaum eine Chance hat, die Aktion ohne erheblichen Prestigeverlust rückgängig zu machen.

Am Gelben Meer sieht sich Diederichs währenddessen vor andere Probleme gestellt. Soeben erhält er die Nachricht, dass einige auf deutschen Werften gebaute chinesische Torpedoboote und ein kleiner Kreuzer Richtung Kiautschou ausgelaufen seien. Droht ein chinesischer Gegenschlag? Ungewissheit, Angespanntheit und auch Nervosität macht sich bei den deutschen Besatzern breit. Eine zweite Division, bestehend aus vier Kriegsschiffen, ist mittlerweile in Deutschland zur Verstärkung aufgestellt worden, aber es werden einige Wochen vergehen, bis sie um den halben Globus gedampft ist. Zwar stößt die Korvette „Arcona" zu der kleinen Schar deutscher Truppen, doch diese bleiben im riesigen chinesischen Reich auf sich gestellt.

Der mittlerweile zum Vize-Admiral beförderte von Diederichs macht derweil Tsingtao verteidigungsbereit. Die Befestigungswerke werden ausgebaut, Feldartillerie in Stellung gebracht und die Küstenbatterien repariert. Ein weiteres Problem erschwert die Situation. Der unbarmherzige, eiskalte chinesische Winter steht vor der Tür. Bei bitterkalten Winden aus dem Norden und Nordwesten reparieren und verstärken Arbeitstrupps die eher leicht gebauten chinesischen Unterkünfte, die meist keine Tür und oft auch nur Papierfenster haben. Zu allem Unglück stellt man fest, dass die abgerückten chinesischen Truppen sämtliche Kochutensilien mit sich genommen haben. So müssen die deutschen Köche an Bord der Kriegsschiffe für ihre an Land befindlichen Kameraden die täglichen warmen Mahlzeiten vorbereiten und mühselig mit Booten an Land bringen.

General Zhang wird zunehmend eine Quelle des Ärgernisses. Er hat sich geweigert nach Shanghai abzureisen, da er eine Bestrafung durch seine Vorgesetzten befürchtet. Daraufhin hat ihm Diederichs angeboten mit seiner Familie zunächst in Tsingtao zu bleiben. Diederichs tut das nicht ohne Hintergedanken. Im Falle eines chinesischen Gegenangriffs könnte man ihn als eine Art Geisel benutzen. Doch nun wird Zhang Mittelpunkt von Intrigen. Als Diederichs die Nachricht erreicht, dass sich größere chinesische Truppenkontingente Richtung Tsingtao in Marsch gesetzt haben, schickt er ihnen Zhang, gegen Ehrenwort seiner Rückkehr, entgegen, um sie zur Umkehr zu bewegen.

Doch dann treffen schlechte Nachrichten ein. Zhang hat sein Wort gebrochen. Er hat sich sogar an die Spitze der chinesischen Truppen gestellt und beginnt mit Angriffsvorbereitungen auf die deutschen Stellungen. Sofort erteilt Diederichs den Befehl, Zhang aufzugreifen und zu verhaften. Einem Trupp unter Kapitän Zeye gelingt es schließlich und Zhang wird in einem Fort unter Arrest gestellt. Ist dies das Ende des chinesischen Widerstands?

Da kehrt ein deutscher Spähtrupp zurück und meldet, dass 1500 chinesische Soldaten von guter Qualität Stellungen im Nordosten der deutschen Besatzungszone befestigen. Zudem hat der Gouverneur der Provinz Shandong, Li Peng-heng, zusätzliche Truppen in Marsch gesetzt und die Telegrafenverbindung von Tsingtao unterbrochen. Daraufhin befiehlt Diederichs, eine neue Expeditionstruppe aufzustellen, um die Chinesen aus der Zone zurückzudrängen. Nachdrücklich unterstreicht Diederichs, dass er kein Blutvergießen will, denn das könnte der Anlass zu einem ausgewachsenen Krieg sein.

Die Deutschen bereiten sich jedoch auf alle Eventualfälle vor. Befestigungen werden ausgebaut, neue Artilleriepositionen ausgehoben, weitere Matrosen werden zu Marineinfanteristen umfunktioniert und „Kaiser" sowie „Prinzeß Wilhelm" näher an Land verlegt, damit sie die chinesischen Truppen unter schweres Geschützfeuer nehmen können. Zusätzlich werden Boote und Kutter mit Maschinengewehren bestückt, um in den flachen, seichten Gewässern patrouillieren zu können. Die allgemeine Nervosität nimmt zu und im Morgengrauen eröffnen deutsche Posten um Haaresbreite das Feuer auf eine Gruppe unbewaffneter chinesischer Arbeiter aus einem nahe gelegenen Dorf.

Selbst während seines Hausarrests setzt Zhang das Schmieden von Intrigen fort. Bei einer Durchsuchung seines persönlichen Besitzes findet man vier Briefe, darunter eine Anweisung von Gouverneur Li Peng-heng, die deutsche Besetzung von Kiautschou weiter zu unterminieren. Jetzt reicht es Diederichs. Er lässt Zhang an Bord von „Prinzeß Wilhelm" bringen und unter verschärften Arrest stellen. Schließlich gelangt man mit den chinesischen Behörden zu einer Übereinkunft und Zhang verlässt – zu Diederichs großer Erleichterung – mit einer kleinen Eskorte Tsingtao.

Mitte Dezember beginnen sich auch die allgemeinen Spannungen abzubauen. Die chinesischen Truppen ziehen aus der deutschen Besatzungszone ab. So können die Deutschen relativ entspannt Weihnachten feiern – eine sehr kalte Weihnacht allerdings. Ein recht dürftiger Weihnachtsbaum mit handgemachter Dekoration lässt zumindest etwas Weihnachtsstimmung aufkommen. Offiziere verteilen zudem kleine Geschenke und Winterkleidung, die die deutschen Expats aus Japan und Shanghai gestiftet haben, an die Soldaten. Die Kleidungsstücke erweisen sich als das beste Geschenk, denn mindestens zweimal die Woche suchen schwere nordwestliche Winde und Sandstürme die Gegend heim. Dieses Wetter lässt selbst das nasskalte Wetter der norddeutschen Tiefebene als frühlingshaft erscheinen.

Doch schon bald treffen wieder schlechte Nachrichten ein. Informanten berichten, dass die Chinesen während des chinesischen Neujahrfestes, das am 22. Januar beginnen wird, einen massiven Angriff starten wollen. Erkundungen ergeben, dass sich an die 10000 chinesische Soldaten an der Grenze zur deutschen Besatzungszone versammelt hätten und Kriegsschiffe sich Kiautschou nähern würden. Obendrein sollen Militärangehörige in Zivilkleidung bereits die Dörfer und die Stadt Tsingtao infiltriert haben. Im Schutze der Menschenmengen und des Knallens der Feuerwerkskörper planen, so die Information, die Chinesen gleichzeitige Angriffe auf die deutschen Stellungen.

Derartig alarmiert trifft Diederichs Gegenmaßnahmen, verteilt seine Truppen in Verteidigungsstellungen, verstärkt die vorgeschobenen Posten, besetzt hochgelegene Beobachtungsposten, befiehlt verstärkte Patrouillengänge und lässt die Geschütze seiner Kriegsschiffe mit panzerbrechenden Granaten für ein Seegefecht bestücken.

Voller Anspannung sieht man dem 22. Januar entgegen. Doch nichts Außergewöhnliches geschieht. Auch der darauf folgende Tag bleibt ruhig. Nun erwartet man den Angriff innerhalb der nächsten 24 Stunden. Alle deutschen Truppen befinden sich in höchster Alarmbereitschaft. Plötzlich Gewehrfeuer irgendwo in Tsingtao. Dann wieder Ruhe. In den frühen Morgenstunden des 25. Januar ist es soweit – so scheint es zumindest. Extrem nervöse deutsche Wachposten eröffnen das Feuer auf alle nicht zu identifizierenden Bewegungen und Geräusche. Die schweren Suchscheinwerfer der Kriegsschiffe schwenken ihre Lichtkegel immer wieder auf die See und das Land, um den Feind rechtzeitig zu erspähen. Verdächtige Bewegungen lassen die nervösen Wachen die gesamte Nacht nicht zur Ruhe kommen. Doch nichts passiert. Ein weiterer Tag und eine weitere unruhige Nacht stehen bevor.

Dann plötzlich Hurrarufe. Überall sind freudige Gesichter zu sehen. Mit Sonnenaufgang am 26. Januar läuft der Truppentransporter „Darmstadt" mit fast 1200 Soldaten des III. Marineinfanteriebataillons in den Hafen von Tsingtao ein. Große Erleichterung macht sich breit. Nun ist das Gröbste überstanden, zumal weitere Verstärkung unterwegs ist. Damit hat sich das Blatt gewendet. Die chinesische Marine- und Armeeeinheiten, die Kiautschou bedrohen, ziehen sich angesichts der Verstärkungen zurück.

Währenddessen machen die diplomatischen Verhandlungen zwischen der chinesischen und deutschen Regierung in Peking Fortschritte. Am 6. März 1898 findet der Gewaltstreich sein juristisches Ende. Die Reichsregierung zwingt der Mandschu-Regierung den so genannten „Kiautschou-Vertrag" auf. China verpflichtet sich, die Bucht von Kiautschou samt umliegendem Gebiet von 515 Quadratkilometer für 99 Jahre an das Deutsche Reich zu „verpachten". Darüber hinaus erhält das Reich in der angrenzenden Provinz Shandong Eisenbahn- und Bergbaukonzessionen sowie Zollvergünstigungen für deutsche Waren. Das „Pachtgebiet" wird nicht der Kolonialabteilung des Auswärtigen Amtes, sondern dem Reichsmarineamt unterstellt. Tirpitz will aus dem „Pachtgebiet" eine Musterkolonie machen, ein „deutsches Hongkong". Mit preußisch-deutscher Gründlichkeit geht man sofort zu Werke. Als Symbol deutscher Weltpolitik wird 1898 ein Siegerdenkmal auf dem 102 Meter hohen Diederichs-Berg, der die Stadt überragt, enthüllt. Mit markigen, doch etwas unbeholfen wirkenden Worten wird dem Eroberer ein Denkmal gesetzt: „Der hier für Kaiser warb u. Reich ringsher das Land/Nach dem sei dieser Felsen Diederichsstein genannt".

Doch schon siebzehn Jahre später ist nichts mehr, wie es war. Als der Erste Weltkrieg beginnt, belagern und besetzen japanische Truppen die deutsche „Musterkolonie". Der Traum vom deutschen Weltreich ist ausgeträumt.

Was ist heute noch geblieben von dieser „Musterkolonie"? „Prächtige Villen säumen die Uferpromenade, Fachwerkhäuser bestimmen das Straßenbild, und im Hintergrund ragen die Türme einer katholischen Kirche empor. Die Silhouette einer deutschen Stadt, könnte ein flüchtiger Beobachter vermuten, würde es sich bei den durch die Straßen hastenden Menschen nicht um Chinesen handeln." So beschreibt Ralph Erbar das heutige Tsingtao, eine Industrie- und Hafenstadt von über 2,3 Millionen Einwohnern. Selbstverständlich sollte man noch den ehemals deutschen Bahnhof erwähnen und „als untrügliches Zeichen deutscher Herrschaft – die heute noch im Betrieb befindliche Germania-Brauerei." Sie stellt das mittlerweile weltweit – die Globalisierung macht es möglich – zu kaufende Bier „Tsingtao" her. Es lohnt sich.

Spurensuche in Peking

Von 1992 bis 1998 habe ich in der chinesischen Hauptstadt gelebt, bevor ich ins tropische Singapur gelangte. Seit 22 Jahren arbeite ich nun als deutscher Lehrer in asiatischen Ländern. Nun kehre ich noch einmal nach Peking zurück, denn in wenigen Wochen findet meine Odyssee durch Asien ein Ende. Magisch zieht mich China noch einmal an, kehre ich für ein paar Tage zurück an den Ort, an dem ich meine Frau kennenlernte und an dem meine Tochter geboren wurde.

Während ich an meinem Rotwein nippe und die Stewardessen der Singapore Airlines mit ihrem Lächeln, das ständige Anteilnahme suggeriert, das Abendessen vorbereiten, überlege ich mir, warum ich noch einmal nach Peking fliegen musste, unbedingt. Warum nur? Sicherlich, da ist dieses Projekt mit meinem Freund Volker. Ich will mich auf die Spuren der Deutschen begeben, die vor 100 Jahren durch die Straßen Pekings zogen, Deutsche und andere Langnasen, die den Chinesen eine Lektion erteilen sollten. Das war die Diktion von Wilhelm II. Aber selbst die Krieger dieser internationalen Allianz, die von einem Deutschen angeführt wurde, konnten sich in ihrer kolonialen Herrenmenschenattitüde der Faszination dieser Kultur nicht verschließen. Und ich will diesen Deutschen auf dieser Kurzreise noch einmal nachspüren, ihnen und den Schauplätzen der Niederschlagung des Boxeraufstandes, der zu Beginn eines häu-

fig genug dunklen Jahrhunderts bereits eine Vorahnung von den zu erwartenden Schrecknissen der kommenden Jahrzehnte deutlich werden ließ.

Gesang auf einem Fischerboot bei Sonnenuntergang. Sehnsucht nach dem alten China. Suche nach der Seele einer großen Kultur. Ein sechsstündiger Flug, ein großer Sprung von der schwülheißen südostasiatischen Finanzmetropole Singapur in ein frühsommerliches stolzes Peking, das sich auf die Olympischen Spiele vorbereitet. Peking, eine Stadt, hinter deren grauen Mauern sich Kultur und Geschichte verstecken, und deren Bewohner verächtlich auf die kulturlosen Metropolen Shanghai, Hongkong und Singapur herabschauen. Ich freue mich auf die noch verbliebenen Hutongs, deren Labyrinthe ich früher mit dem Fahrrad durchkämmte, ich freue mich auf den Ritan-Park, wo ich meine gerade geborene Tochter Svenja vor zehn Jahren mit dem Kinderwagen an den Tai Chi praktizierenden Senioren vorbeischob, ich freue mich auf die Pagoden an den von Weiden gesäumten Kanälen der Stadt. Ich freue mich auf eine Stadt, die mein Leben verändert hat, es ist die Stadt, in der eine Chinesin meine Frau wurde, es ist die Stadt, in der ich niemals aufgehört habe zu staunen, es ist die Stadt, die mich nie mehr loslassen wird. Niemals war mir das mehr bewusst als jetzt, da ich kurz vor meiner Rückkehr nach Deutschland stehe.

„Deutscher nach 114 Stunden aus den Trümmern in Sichuan gerettet." Ich befinde mich im Wohnzimmer der Familie Landwehr im Sanlitun in

Peking. Das Wohnzimmer ist zu einem Büro umfunktioniert – hier sitzt Andreas Landwehr, der mit seiner Familie seit 14 Jahren in Peking wohnt, für die Deutsche Presseagentur arbeitet und in den letzten Wochen Schwerstarbeit verrichten muss. Morgens hat er die neuesten Meldungen über den Besuch des Dalai Lama in Deutschland ausgewertet, nun gibt er nach einem kurzen Duschbad die Nachricht, die er gerade von der chinesischen Nachrichtenagentur Xinhua erhalten hat, nach Deutschland weiter, die Nachricht über das wundersame Überleben eines Deutschen in Beishan, die sich später als Falschmeldung entpuppt. „Einzelheiten wurden zunächst nicht bekannt gegeben." Schneechaos, Tibet, Erdbeben und die bevorstehenden Olympischen Spiele lassen ihn nicht zu Ruhe kommen.

Ich bin gestern Abend in der chinesischen Hauptstadt gelandet – auf dem vor wenigen Wochen neu eröffneten Flughafen, der im Sommer die Gäste aus aller Welt begrüßen wird – eine hypermoderne Architektur, eine sensationelle Visitenkarte des modernen China, ein Gebäude, das Respekt, Staunen und durchaus Beklemmung auslöst. Meine frühere Kollegin Antje Schmedemann, die an der Deutschen Botschaftsschule als Oberstufenleiterin arbeitet, hat mich mit ihrem Beijing Jeep abgeholt, einem praktischen, einfachen, billigen kastenförmigen Fahrzeug, dessen Kofferraum man bei früheren Modellen noch mit einem Vorhängeschloss verriegelte. So schaukelten wir nach Mitternacht über den Expressway Richtung Botschaftsviertel, dem Sanlitun, wo die Familie in der Nachbar-

schaft der Landwehrs eine schöne Wohnung mit hohen Räumen und sehr viel Charme bewohnt. Bei geöffnetem Fenster war ich gegen zwei Uhr nachts bei nur langsam verebbendem Verkehrsrauschen des dritten Ringes in einen tiefen Schlaf gefallen.

17. Mai 2008. Peking zeigt sich heute zunächst noch nicht von der Sonnenseite, schmieriges, regnerisches Schmuddelwetter. Ich bin vor dem feuchten Grau in das Cafe Bookworm geflüchtet, neben mir liegen Bücher über den Boxeraufstand. Neben dem Laptop steht eine Tasse Cappuccino. Im Nachbarraum werden von Mitarbeitern des Cafes Kisten für die Erdbebenhilfe Sichuan zusammengestellt. Schon gestern während des Fluges habe ich versucht, mich mit Hilfe eines Buches über den Kolonialkrieg in China und der Fotos in das Peking des Jahres 1900 zu versetzen. Jetzt sitze ich in diesem Cafe, das mir meine Frau empfohlen hat, und warte auf Wetterbesserung, schaue wieder in die Bücher hinein, sehe auf zeitgenössischen Fotos, wie deutsche Soldaten schamlos auf dem Thron im Kaiserpalast posieren, sehe die Arroganz in den Gesichtern der Kolonialherren. Wie denken die Ausländer hier in diesem Cafe über die Chinesen? Ist die koloniale Arroganz und Überheblichkeit wirklich gewichen? Manchmal zweifelt man daran.

Ich erinnere mich an eine Veranstaltung in der deutschen Botschaft vor vielen Jahren, als man geballt in zwei Stunden alle Filmberichte über China für Nachrichten- und Magazinsendungen der öffentlich-rechtlichen Fernsehanstalten der vergangenen Wochen am Stück sich anschauen konnte. Das, was dem deutschen Fernsehzuschauer hier zugemutet wurde, war demaskierend. Die „flott" aufgemachten Berichte – beispielsweise über die als merkwürdig empfundene Mode der Chinesinnen, sich ihre Mandelaugen zu vergrößern, um sich ein westliches Aussehen zu verschaffen – endeten immer mit einem ironisch-witzig gemeinten Kommentar. In der schnellen Aufeinanderfolge der Berichte wurde auf erschütternde Weise deutlich, mit welcher Überheblichkeit wir immer noch auf China schauen – und dabei gar nicht merken, dass zur gleichen Zeit chinesische Touristen in Deutschland bereits heute den Stillstand, die museale Pflege unserer Kulturgüter, folkloristische Engstirnigkeit, kurz die fortschreitende Rückständigkeit Deutschlands auf einer Reihe von Gebieten mit einer gewissen Sentimentalität auf ihren Fotos festhalten und damit das koloniale Schema quasi umkehren, wie Mark Siemons treffend in einem Essay der Frankfurter Allgemeinen Zeitung 2004 bemerkte.

Jianguo Hotel. Ich sitze bei einer Tasse Kaffee in der Lobby des in markantem Gelb getünchten Hotels, in dem ich 1992 meine ersten drei Wochen in Peking verbracht habe, bevor ich in meine Wohnung im Qi Jia Yuan nahe des Freundschaftsladens umgezogen bin. Hier hatte ich auch eines meiner ersten Rendevous mit meiner späteren Frau Liu Yun. Das Hotel liegt zentral an der West-Ost-Achse, der Chang'an, die direkt zum Platz des Himmlischen Friedens führt. Es hat einen unvergleichlichen Charme und hier in der Lobby mit Blick auf den Steingarten, die Wasser-

spiele und Charlies Bar werden Erinnerungen wach... Die etwas in die Jahre gekommenen Wohnanlagen für Ausländer, Qi Jia Yuan und Jianguomen, liegen ganz in der Nähe. Im Norden schließen sich zahlreiche Botschaften an, viele mit riesigen Gärten. Oft sind wir hier spazieren gegangen. Die mit dichten Laubbäumen gesäumten Alleen dieses Viertels spenden in den heißen Sommern viel Schatten. Noch ein Stück weiter nördlich gelangt man schließlich in den Ritan-Park.

Schon im 16. Jahrhundert in der Mingzeit wurde der Altar des Sonnengottes dort errichtet, wo sich seit den 70er Jahren des letzten Jahrhunderts eine öffentliche Gartenanlage befindet: der Ritan-Park. Auch hier wandele ich auf den Spuren meiner ganz persönlichen Vergangenheit. In diesem Park haben wir am Abend meiner Hochzeit gemeinsam zu Abend gegessen, zuvor hatten Liu Yun und ich das kleine Restaurant in der Nordwest-Ecke des Parks immer wieder aufgesucht. Das Personal konnte die Entwicklung unserer Beziehung verfolgen. Hier überreichte ich meiner zukünftigen Frau den Verlobungsring, hier hatten wir unseren ersten Streit, und hier waren wir eben auch am Abend unserer Hochzeit mit den engsten Verwandten zusammen. Und als ein knappes Jahr später unsere Tochter Svenja geboren wurde, schoben wir das gerade wenige Wochen alte Tigermädchen durch den Park, regelmäßig von der Parkwächterin dafür gescholten, dass wir ein so junges Baby bereits so frühzeitig in der frischen Luft herumkutschierten. Nach chinesischem Brauch sollte man die ersten 100 Tage nämlich verstreichen lassen, bevor man mit seinem

Kind die eigenen vier Wände verlässt. In dem Park sitzen auch heute die alten Männer beisammen, spielen Karten oder chinesisches Schach, schreien, schimpfen und lachen.

Peking einen Tag später. Es ist der 18. Mai 2008. Jetzt ist das Wetter so, wie man sich die chinesische Hauptstadt an einem Maitag vorstellt. Blauer Himmel, Windböen, die die Alleebäume an den Hauptstraßen zum Rauschen bringen und Staub aufwirbeln. Ich radele durch den Chaoyang-Distrikt und dann an der Chang'an entlang dem Peking-Hotel entgegen, wo ich einen Kollegen treffe, der wie ich seit 20 Jahren in Asien an deutschen Schulen Geschichte unterrichtet: Andreas Huber. Von Bangkok kommend ist er nun seit neun Jahren in Peking und hat ein besonderes Faible für die Geschichte des Reichs der Mitte. Wir treffen uns vor dem Hotel, das selbst Teil dieser Geschichte war und wie der Peking-Club mitten im Gesandtschaftsviertel lag. Wir wollen uns heute auf die Spurensuche der Ereignisse des Boxeraufstandes machen. Nachdem ich mein Zweirad für eine Tagesgebühr von umgerechnet fünf Cent auf einem bewachten Fahrradparkplatz in der Wangfujing verstaut habe, wandern wir zunächst am Südtor der Verbotenen Stadt vorbei, über dem immer noch Mao Tse Tong zu sehen ist, der auf den Platz des Himmlischen Friedens blickt, den wohl größten Platz der Welt. Wir diskutieren seine Rolle in der chinesischen Geschichte und ich empfinde aufs Neue, wie verloren sich ein Einzelner auf der Weite des Platzes fühlt, der von Kaiserpalast, Mao-Mausoleum, Geschichts- und Revolutionsmuseum und der Großen Halle des Volkes eingerahmt wird und wie kaum ein anderer Ort in China das Auf und Ab seiner Geschichte dokumentiert.

Ich muss an Eva Siao denken, die charismatische Journalistin und Fotografin, die die Bauarbeiten an diesem Platz in den fünfziger Jahren in beeindruckenden Schwarzweißfotos festgehalten hat. Eva Siao, die als Eva Sandberg 1911 in Breslau geboren wurde und später den chinesischen Schriftsteller Emi Siao, einen Schulfreund Maos, heiratete und als eine der wenigen europäischen Augenzeugen der chinesischen Revolution und der Aufbaujahre gilt, hatte ich in meinen Pekinger Jahren in die Deutsche Schule eingeladen, wo sie meinen Literaturkreisteilnehmern aus ihrem bewegten Leben berichtete. Ihre Autobiographie „China. Mein Traum, mein Leben" habe ich mit Begeisterung verschlungen. Wir hatten uns damals angefreundet und ich habe die alte Dame noch zweimal in ihrer Wohnung besucht, die ihr die chinesische Regierung seit ihrer Rehabilitierung nach den Wirren der Kulturrevolution zur Verfügung gestellt hatte. Ihre eigenwillige und sicherlich nicht unumstrittene Deutung wichtiger Etappen der chinesischen Geschichte, die sie selbst ein Stück weit geprägt hat, hatten mich damals in ihren Bann gezogen. Wenige Tage nach ihrem 90. Geburtstag ist Eva Siao im Jahre 2001 gestorben.

Andreas und ich haben den Sun-Yat-sen-Park westlich der Verbotenen Stadt erreicht und blicken direkt auf den aus weißem Marmor errichteten Torbogen, den die chinesische Regierung einst für den deutschen Gesandten Klemens von Ketteler errichten musste – und zwar genau an der

Stelle, an dem der Deutsche ermordet worden war. Die Inschrift wurde den Chinesen ebenfalls diktiert. Nach dem Ersten Weltkrieg wurde das Mahnmal abgebaut und hier in dieser Gartenanlage, übrigens dem ersten öffentlichen Park Pekings, wieder errichtet, zunächst mit der Inschrift „Die Gerechtigkeit siegt" und dann mit den Worten „Bewahrt den Frieden" versehen. Die Umstände des Todes Ketteler s sind bis heute nicht ganz geklärt und werden später noch thematisiert werden. In der Nähe des Torbogens entdecken wir eine Tafel, die auf das „Klinder Monument" hinweist und darauf, dass „Klinder" alias Ketteler „von der Qing-Armee getötet" worden sei.

Unser nächstes Ziel ist klar: der Platz, an dem Ketteler die tödlichen Kugeln getroffen haben. Ketteler hatte sich – eigenwillig und tollkühn - am 20. Juni 1900 mit seinem Dolmetscher auf den Weg zum Außenministerium, dem Zongli Yamen, gemacht, als er auf der Hatamenstraße, der heutigen nördlichen Dongdanstaße, nur wenige hundert Meter von seinem Ziel entfernt, in seiner Sänfte aus nächster Nähe erschossen wurde. An dem Platz selbst, an dem einst der Marmortorbogen stand, erinnert heute nichts mehr an die Geschehnisse von damals. Wir begeben uns dann aber in den Xizongbu-Hutong, wo sich immer noch der Eingang zum Zongli Yamen befindet. Seit 2003 ist hier eine Gedenktafel angebracht, die auf die Bedeutung des mittlerweile auf charmant-morbide Weise verfallenden Gebäudes erinnert, inmitten eines der noch wenigen verbliebenden Hutongs.

Zurück auf der Dongdanstraße holt mich die eigene Vergangenheit ein. Hier, wo Ketteler im Juni 1900 starb, wurde knapp 100 Jahre später, im März 1998, meine Tochter Svenja geboren. In Blickweite des Tatorts befindet sich das „Peking Union Medical College", finanziert mit Mitteln, die die Amerikaner ursprünglich mit den anderen Mächten aus China nach dem Boxeraufstand herausgepresst hatten. Das renommierte Krankenhaus weckt Erinnerungen an eine dramatische Märznacht. Gegen halb vier wachte meine Frau in unserem Domizil im Jianguomenwai auf, sie verlor größere Mengen von Fruchtwasser, das Bettlaken war durchnässt. Der eigentliche Geburtstermin war erst fünf Wochen später vorhergesagt. Sie weckte mich und ich war völlig verstört – und konfus. Ich weiß bis heute nicht, ob es mir noch gelang zwei Socken und zwei Schuhe anzuziehen, ich war aufgeregt, dachte, das Baby stirbt. Ich trug meine Frau ins Auto und raste zur Dongdan. Das Krankenhaus war dunkel. Die Tore waren geschlossen. Kein Hinweis auf eine Notaufnahme. Ich war verzweifelt. Draußen wehte ein eiskalter Wind, der Winter hatte Peking noch voll im Griff. Bald bemerkte ich, dass die Tore durch den Sturm zugeschlagen waren. Ich öffnete sie, fuhr am Gebäude entlang, hielt vor einem der Eingänge, klingelte Sturm und hämmerte gegen die Tür. Nichts tat sich zunächst. Dann Licht. Ein älterer Chinese öffnete schläfrig die Tür und schaute mich verdutzt an. Ich rüttelte ihn, schrie „Baby! Baby!" Meine Frau lag unterdessen auf dem Rücksitz und wimmerte. Schließlich tauchte ein Arzt auf, meine Frau wurde auf eine Trage verfrachtet und

auf eine Station gefahren, auf deren Gang auf Rollbetten zahlreiche Chinesinnen lagen, die ebenfalls wimmerten. Als sie mich, einen Mann, und dazu einen Ausländer, erblickten, wurde es auf einen Schlag ruhig. Der Arzt beruhigte mich, sagte mir, alles sei in Ordnung. Das bestätigte mir auch mein Bruder, ebenfalls ein Arzt, per Telefon, der mir bereits zu meiner baldigen Vaterschaft gratulierte und mir erklärte, dass wohl die Fruchtblase geplatzt und im Übrigen alles im Lot sei. Nun ja, es wurde eine schwierige Geburt, aber nach über zehn Stunden war es soweit – die kleine Svenja erblickte – assistiert von Hebammen, die eine eigentümliche Mischung aus resoluten Volksbefreiungs-armeesoldatinnen und gütigen und herzlichen Schwestern darstellten - das Licht der Welt. Und nur kurze Zeit später hatte unsere junge Familie ein erstes gemeinsames Abendessen, meine Tochter wurde von meiner Frau gestillt und ich hatte von der gegenüberliegenden Seite der Dong-dan einen Stapel mit Schaumstoffboxen organisiert, die die unterschied-lichsten chinesischen Köstlichkeiten enthielten. Den Angestellten in dem kleinen Restaurant erzählte ich – während ich auf das Essen wartete - ungefragt unzählige Mal, dass ich gerade Vater geworden sei und Freu-dentränen rannen mir dabei die Wangen hinunter.
Zurück in den Mai 2008. Ich sitze mit Andreas Huber nach einem Rund-gang über das Krankenhausgelände in einem der Restaurants auf der anderen Seite der alten Hatamenstraße, vielleicht sogar in dem, in dem ich damals als der vor Glück fassungslose Vater meinen eigentümlichen

Auftritt hatte. Wir essen Gongbaojiding, gewürfeltes Hähnchenfleisch mit Nüssen und viel Chili, und scharfes Tofu und trinken dazu Yanjing-Bier. Der Boxeraufstand ist sehr präsent. Die Besichtigung der originalen Schauplätze lässt die Ereignisse näher an uns heranrücken.

Kurze Zeit später nehmen wir Abschied, ich schwinge mich auf mein Fahrrad und versuche gegen die immer stärker werdenden Böen, die mir Staub in die Augen wirbeln, noch ein weiteres Ziel anzusteuern. Es ist das ehemalige Haus 2 der Deutschen Botschaft, das vor 1990 die Botschaft der DDR in China beherbergte. In diesem Haus wurden meine Frau und ich auf den Tag genau vor elf Jahren getraut – von dem deutschen Pastor Dürr und seiner chinesischen Frau He Lei. Im Garten der Botschaft fand dann unsere Hochzeitsfeier statt. Nun stehe ich vor dem Tor des damaligen Geschehens, die Gedanken wandern zurück. Heute residiert in diesem Gebäude der Botschafter von Sambia. Ich rufe meine Frau in Singapur an, die Erinnerungen an damals werden wieder lebendig. In einem „Hochzeitsstudio" war meine Frau vor der Trauung frisiert, geschminkt und eingekleidet worden. Dabei nahmen es die Angestellten sehr genau, sodass wir zu unserer eigenen Trauung ungefähr 15 Minuten zu spät kamen. Pfarrer Dürr, preußischen Tugenden wie Pünktlichkeit und Verlässlichkeit sehr zugetan, kommentierte unser verspätetes Eintreffen vergleichsweise gnädig und die Hochzeitszeremonie konnte im Blumenregen meiner Schüler doch noch seinen Lauf nehmen.

Das Studio befand sich übrigens in der Dongdan, ebenfalls in Sichtweite des zuvor geschilderten Geschehens. So wird die Dongdan zu einem Ort, an dem sich die „große" und die persönliche Historie kreuzen.

Und so kehren meine Gedanken zurück zu den Ereignissen des Junis 1900. Fragen über Fragen gehen mir durch den Kopf: Warum setzte Ketteler damals auf so tollkühne Weise sein Leben aufs Spiel? Wer war dieser Mann überhaupt und welche Motive hatten die acht Großmächte bei ihrem rücksichtslosen Vorgehen?

Als ein Deutscher in Peking herrschte

Peking, 13. Juni 1900. Eine unverkennbare Spannung liegt an diesem Sommernachmittag in der Luft. Da brechen wie aus heiterem Himmel Gruppen von bewaffneten Boxern durch das in der Nähe des östlichen Teils des Gesandtschaftsviertels gelegene Ha Ta-Tor in die Tartarenstadt ein, schlagen und stechen wahllos um sich, plündern Häuser und Läden. Von panischem Schrecken ergriffen, rennen die Menschen so schnell sie können, um der Raserei zu entkommen. Dann liegen die Straßen plötzlich wieder still und verlassen da.

Dafür kann man in der Ferne neuen Lärm vernehmen. Schon bald lodern im Osten und Nordosten Flammen in den Himmel und ein schauriges

Gemisch von Schreien und vom Krachen der Dachbalken und des Mauerwerks dringt zu den sich im Gesandtschaftsviertel drängenden Menschen herüber.

Peking und die nordöstlichen Provinzen des Kaiserreichs der Mitte befinden sich in Aufruhr. Um sich dem immer weiteren Vordringen der westlichen Mächte in China entgegenzustellen, hat sich die Geheimgesellschaft der Boxer gegründet, die immer größeren Zulauf erhält. Schon bald kommt es zu gewalttätigen Auseinandersetzungen, von denen auch die ausländischen Gesandtschaften in Peking betroffen sind.

In der Hauptstadt des Reichs der Mitte leben um die Jahrhundertwende bereits ungefähr eine Million Menschen. Die Stadt besteht aus einer Nord- und einer Südstadt, die so genannte Tartaren- und Chinesenstadt. Die Nordstadt bildet ein Quadrat von neun Kilometern Seitenlänge, während die Südstadt ein Rechteck von neun und sechs Kilometern Seitenlänge darstellt. Eine mächtige Mauer mit befestigten Toren und Türmen umgibt Peking. Auch die beiden Stadtteile sind durch eine Mauer getrennt, die 16 Meter hoch und an der Basis 20 Meter breit, nach oben hin aber immer noch zwölf Meter breit ist. Drei mächtige Tore ermöglichen den Waren- und Personenverkehr. Innerhalb der Nordstadt befindet sich die Kaiserliche Stadt. Sie umfasst ein Fünftel ihrer Fläche und ist von einer hohen Backsteinmauer umschlossen. Hier liegen die Regierungsgebäude und die Residenzen der höchsten Mandarine. Im Herzen der Kaiserstadt, wiederum durch Mauern vom übrigen Teil getrennt, befindet sich die Verbotene Stadt, die den kaiserlichen Wohnsitz beherbergt.

Das Gesandtschaftsviertel in der Nordstadt, ein Häuserkomplex mit Straßen und Gärten, der durch einen von Norden nach Süden fließenden Kanal in ungefähr zwei gleiche Teile getrennt wird, umfasst ein Gebiet von etwa zwölf Quadratkilometern. Die südliche Grenze des Viertels verläuft an der Mauer zwischen der Nord- und Südstadt. Im Norden wird es durch die rosafarbene und mit gelben Ziegeln gekrönte Mauer der Kaiserlichen Stadt begrenzt. Das Zongli Yamen, das chinesische Außenministerium, liegt im Osten und im Westen schließt sich ein chinesisches Wohnviertel an.

An der breiten, staubigen mit schütteren Alleebäumen bestandenen Gesandtschaftsstraße befinden sich die holländische, die amerikanische, die deutsche, die russische, die spanische, die japanische, die französische und die italienische Gesandtschaft. Die britische und die österreichische bilden den nördlichen Abschluss. Die Enge ist nur dadurch gelindert, dass jede der elf Gesandtschaften über weitläufige Garten- und Parkanlagen verfügt, in denen die Häuser der einzelnen Gesandtschaftsmitglieder verstreut liegen. In dieser diplomatischen Enklave mit ihrer Mauereinfriedung und streng gehüteten Isolation haben sich verschiedene Unternehmen und Konzerne angesiedelt, die Hongkong und Shanghai Bank, die russisch-chinesische Bank, die Büros von Jardine Matheson und die zwei Läden von Imbeck und Kierulff, Watson´s Drugstore, das Peking-Hotel und der Peking-Klub.

Die deutsche Gesandtschaft liegt direkt unter der gewaltigen Mauer der Tartarenstadt. Sie besteht aus einer Ansammlung zahlreicher niedriger und einiger mehrstöckiger Gebäude. Alle Bauten versuchen den deutschen mit dem chinesischen Baustil zu vereinen. So hat man die Dächer nach den Vorbildern der chinesischen gestaltet, was steinerne Löwen und Hunde an den Ecken und den Firsten zur Vertreibung der bösen Geister einschließt. Auf der anderen Seite will man nach Art des deutschen Kaiserreichs prunken und protzen. Deshalb sind die Hauptrepräsentationsgebäude wie kaiserliche Realschulen gestaltet. Insgesamt gesehen stimmen aber die Proportionen nicht, manche Gebäude wirken überdimensioniert, andere eher zu klein. Das Haupthaus enthält neben den Arbeitsräumen des Gesandten einen Empfangssaal, der sich in seinen Ausmaßen mit dem Thronsaal des Sohns des Himmels messen lassen kann. Man erfreut sich modernster Technik. So sichert ein Elektrizitätswerk der Firma Siemens und Halske die Versorgung mit Licht und Telegrafen die Kommunikation in die Metropolen des fernen Europa.

Jedoch wird am besagten 13. Juni auch die letzte Telegrafenlinie endgültig zerstört, sodass es fortan keinerlei Nachrichtenverbindung mehr gibt, die etwas über das Schicksal der Ausländer in Peking nach außen hätte tragen können. Aus der internationalen Gerüchteküche gelangt bald die Meldung in Umlauf, das Gesandtschaftsviertel sei gestürmt und der deutsche Gesandte von Ketteler dabei ums Leben gekommen. Als diese Meldung Kaiser Wilhelm am 18. Juni erreicht, ist für ihn die Stunde zum energischen Eingreifen gekommen. Schon am nächsten Tag telegrafiert er an Bernhard von Bülow, seinem Staatssekretär im Auswärtigen Amt, und fordert Rache. Dann erfolgt die grausige Ankündigung: „Peking muss rasiert werden." Doch die Erklärung, dass er seinen Gesandten rächen wolle, ist in doppelter Hinsicht eine Farce. Zum einen dient der Vorfall nur als Vorwand zur schon länger geplanten militärischen Intervention und zum anderen erfreut sich Seiner Majestät Gesandter zu diesem Zeitpunkt noch bester Gesundheit. Man ist einer Falschmeldung aufgesessen.

Seit nunmehr über eine Woche sind die Gesandtschaften von der Außenwelt abgeschnitten. Die Tage und Nächte gehen langsam dahin, als am 19. Juni völlig unerwartet von niederen Beamten zwölf große, scharlachrote Briefe aus dem Zongli Yamen den elf Gesandten überbracht werden. Sie enthalten ein Ultimatum. Alle Ausländer in Peking werden aufgefordert unter dem Schutz Chinas bis 16 Uhr des folgenden Tages die Stadt zu verlassen, da die chinesische Regierung ihre Sicherheit nicht mehr gewährleisten könne. Nach Eingang des Ultimatums schicken die ausländischen Gesandten gegen Mitternacht eine Note an das Zongli Yamen, um mehr Zeit für einen solchen Abzug zu gewinnen und die Frage des Geleitschutzes zu klären.

Da das Wüten der Boxer immer bedrohlichere Züge annimmt, findet das Ultimatum in den Reihen der Betroffenen grundsätzliche Zustimmung. Am Abend aber sitzt Clemens von Ketteler, Gesandter Seiner Majestät Kaiser Wilhelms II., noch lange mit seinem Dolmetscher Heinrich Cordes im Garten der Gesandtschaft und diskutiert die Lage. Eine Fotografie aus jener Zeit zeigt ein „fröhliches, eher gefühlsbetontes Gesicht, mit großen, freundlich lächelnden Augen. Der Mittelscheitel und der Schnauzbart verdecken im Grunde nicht den Mangel an martialischem Wesen, das sie entsprechend dem Vorbild seines kaiserlichen Herrn vortäuschen sollte."

Der Mittwoch des 20. Juni 1900 ist einer dieser heißen, unerträglich heißen Sommertage in Peking. Die Luft flimmert, in den staubigen Straßen stinkt es nach Unrat und der Geruch von noch schwelenden, niedergebrannten, halbzerstörten Häusern sticht in die Nase. Um 9 Uhr geht Ketteler zu Cordes und weist ihn an, zwei Sänften vorzubereiten und in 20 Minuten vor der französischen Gesandtschaft auf ihn zusammen mit einer bewaffneten Eskorte zu warten. Er selbst nimmt an der Besprechung der Gesandten in der französischen Vertretung teil. Da eine Antwort auf die Note an das Zongli Yamen ausgeblieben ist, zeigt sich Kettelerer entschlossen, eine Entscheidung im Alleingang zu erzwingen. Er erklärt: „Ich werde hingehen und dort sitzen bleiben, bis sie kommen, und wenn ich die ganze Nacht durch dort sitzen müsste." Als von Ketteler die Besprechung der Gesandten verlässt, wirkt er allerdings nervös. Um 9.30 Uhr eilt er zu den wartenden Sänften, die ihn zu dem etwas mehr als eineinhalb Kilometer entfernten Zongli Yamen bringen sollen. Um die chinesische Bevölkerung nicht unnötig zu provozieren, entschließt er sich, auf die bereits wartende Eskorte zu verzichten. Ketteler besteigt seine Sänfte unbewaffnet, jedenfalls kann Cordes den Revolver, den Ketteler ansonsten um die Schulter gehalftert trägt, nicht sehen. Deshalb lässt auch Cordes seine Winchester zurück. Auf Befehl des Gesandten bleiben außerdem die Vorhänge der Sänfte geöffnet, damit er seine Umgebung im Blick behalten kann.

In der vorderen nimmt er mit Buch und Zigarre Platz, in der hinteren sein Dolmetscher Cordes, der zum Augenzeugen der folgenden dramatischen Ereignisse werden soll. Die amtlichen, mit grünem und rotem Verdeck versehenen Sänften, begleitet von zwei livrierten chinesischen Reitknechten, machen sich auf den Weg. In den Straßen ist es ungewöhnlich ruhig, die übliche sich drängelnde, laute Menschenmenge verschwunden. Als die Sänften in die zentrale Hatamen-Straße einbiegen und den Dongdan-Torbogen passieren, überschlagen sich an der nächsten Straßenkreuzung die Ereignisse.

„Links neben der Sänfte, welche soeben die Polizeistation nördlich des genannten Pailou [Torbogen] passiert hatte, stand wie aus der Erde gewachsen ein Bannersoldat (augenscheinlich Mandschu) in voller Uniform, Mütze mit 6. Rangknopf und blauer Feder, in Anschlagstellung, die Gewehrmündung kaum einen Meter von dem Seitenfenster der Sänfte entfernt, genau da, wo sich der Kopf des Herrn v. Ketteler befinden musste – mit dem Gewehr der Bewegung folgend. [...] Ich rief entsetzt *Halt*! In demselben Augenblick krachte der Schuss des Bannersoldaten vor mir. Die Sänften wurden hingeworfen – ich sprang auf und erhielt in diesem Moment einen Schuss von links hinten, der den oberen Teil meines linken Oberschenkels und den Unterleib durchbohrte. Der Schuss war wahrscheinlich, ebenso wie bei Herrn v. Ketteler, auf meinen Kopf gezielt gewesen, aber durch das Hinwerfen der Sänfte und mein Aufspringen deplaziert worden."

Schwer verletzt gelingt es Cordes, sich zu einer amerikanischen Missionsstation zu schleppen, wo er in Folge des Blutverlusts zusammenbricht. Mit Gewissheit kann Cordes den Tod des Gesandten nicht bestätigen. Die Bestätigung erfolgt erst durch den Bericht des Reitknechts Liu Yucheng, der nach dem Lärm der Schüsse zurückschaut und sieht, wie der 46jährige Gesandte regungslos mit angelehntem Oberkörper in der Sänfte zusammengesunken daliegt, den Kopf weit nach hinten hängend. Die spätere Obduktion der Leiche ergibt, dass der Tod vermutlich sofort eingetreten ist, nachdem die Kugel den Nackenwurzelknochen durchschlagen hatte.

Sofort macht die Annahme die Runde, dass es sich um ein gezieltes Attentat auf den deutschen Gesandten gehandelt habe. Die tatsächlichen Hintergründe sind bis heute ungeklärt. Doch scheint die schlüssigste Deutung zu sein, dass es sich bei dem Mord um die Tat eines Einzelgängers gehandelt habe, der es auf das für Christen und Ausländer ausgesetzte Kopfgeld abgesehen hatte. Damit ist Ketteler schlichtweg zufällig zum Opfer gewesen. Somit ist der Mord kein gezieltes Politikum, wird aber schnell zu einem Politikum ersten Ranges im Rahmen der deutschen Weltpolitik gemacht.

Nach Ablauf des Ultimatums am 20. Juni beginnt die chinesische Seite pünktlich um 16 Uhr mit dem Beschuss und der Belagerung des Gesandtschaftsviertels. Wegen der gekappten Nachrichtenverbindungen erreicht die Meldung von Ketteler Ermordung erst am 2. Juli Berlin. Wilhelm II. zeigt weder Betroffenheit noch eine übermäßige Erregung. In Kenntnis der Todesnachricht schreitet der Monarch in Marineinfanterieuniform mit Generalsabzeichen die Front der auf dem Torpedo-Exerzierplatz von Wilhelmshaven angetretenen I. und II. Seebataillone ab. Ohne auch nur auf die Tat zu sprechen zu kommen, verabschiedet er seine Soldaten mit den Worten: „Die deutsche Fahne ist beleidigt und dem Deutschen Reiche Hohn gesprochen worden. Das verlangt exemplarische Bestrafung und Rache." Bei der Verabschiedung des Expeditionskorps in Bremerhaven am 27. Juli allerdings fallen in seiner als „Hunnenrede" berüchtigt gewordenen Rede heftigere Worte. „Kommt Ihr vor den Feind, so wird er geschlagen, Pardon wird nicht gegeben; Gefangene nicht gemacht. Wer Euch in die Hände fällt, sei in Eurer Hand. Wie vor tausend Jahren die Hunnen unter König Etzel sich einen Namen gemacht, der sie noch jetzt in Überlieferung gewaltig erscheinen lässt, so möge der Name

Deutschland in China in einer solchen Weise bekannt werden, dass niemals wieder ein Chinese es wagt, etwa einen Deutschen auch nur scheel anzusehen."

Für den Kaiser geht es jetzt nur noch darum, die deutsche Position in China zu stärken. Dazu müssen seine Truppen so schnell wie möglich vor Ort gebracht werden, damit sie nicht für die geplanten Landoperationen der internationalen Streitmacht und dem Entsatz des eingeschlossenen Gesandtschaftsviertels in Peking zu spät kommen. Doch die Deutschen kommen zu spät. Am 14. August befreit eine internationale Streitmacht ohne deutsche Beteiligung das Gesandtschaftsviertel in Peking.

Nach dem Einmarsch der alliierten Truppen findet man Kettelers Leiche, nicht weit von der Stelle, wo er erschossen worden ist unter einem drei Meter hohen Hügel von Sand, Erde und Unrat. Wahrscheinlich hätte man die Leiche gar nicht gefunden, wenn nicht ein anonymer Hinweis eingegangen wäre. Ketteler liegt in einem einfachen Sarg und seine Leiche ist schon im Verwesen begriffen. So kann man ihn nur anhand der Dinge, die man ihm gelassen hat, identifizieren. Dazu gehört die Ledertasche mit dem Protestschreiben an den chinesischen Kaiserhof, andere persönliche Gegenstände wie die silberne Taschenuhr, die ihm seine Frau geschenkt hat, fehlen. Auf Wunsch seiner Gattin, Maud von Ketteler, wird seine Leiche provisorisch im Garten der Gesandtschaft beigesetzt. Danach wird sie von einem Kriegsschiff nach Deutschland überführt und in der Familiengrabstätte der Kettelers in Münster begraben.

Die Hinrichtung des Mörders des Gesandten von Ketteler, Feldwebel En Hai, erfolgt an einem entsetzlich klaren, kalten Januartag. Er verliert genau dort an der Hatamen-Straße sein Leben, wo er seine Tat begangen hat. Eine deutsche Militärkapelle begrüßt den neuen Kaiserlichen Gesandten Alfons Freiherr Mumm von Schwarzenstein mit der „Wacht am Rhein". Wegen der Kälte klingen die Instrument verstimmt und die Melodie eher trübsinnig. An einem Klapptisch hat der Gerichtsschreiber bereits Pinsel und Papier aufgestellt. Fröstelnd in seinen wattierten Gewändern wartet auch er auf den Richter, den Verurteilten und den Scharfrichter.

Die geschäftigste Straße des Hauptstadt des Reichs der Mitte wirkt an dieser Stelle eher wie ein heruntergekommenes Dorf. Auf dem eigentlich sehr breiten Fahrweg duldet man zwei Reihen strohgedeckter, windschiefer Buden und Hütten, in denen Althändler, Krämer, Schankwirte, Garköche, Schuhmacher, Schneider und andere Gewerbetreibende ihren Geschäften nachgehen. So muss sich der gesamte Verkehr im Herzen Pekings mit einer schmalen Gasse begnügen, wo unförmig große Ochsenkarren und Handlanger mit den für China typischen gewaltigen Schubkarren sich zwischen drängenden und schubsenden Menschen hindurchzwängen.

Dann wird der Delinquent auf einen von zwei Ochsen gezogenen Karren herangebracht. En Hai trägt seine dünne, schlabberige Gefängniskleidung und friert bitterlich. Als er seinen für die Hinrichtung vorgesehenen

Platz erreicht hat, nimmt man ihm die Ketten ab und lässt ihn niederknien. Als der Richter zu ihm tritt, ruft En Hai aus, dass er nur auf Befehl seines Vorgesetzten gehandelt habe und um die versprochene Belohnung geprellt worden sei. Nichtsdestotrotz packt der Gehilfe des Scharfrichters En Hais Zopf und der Scharfrichter selber trennt mit seinem gewaltigen, leicht gebogenen und auf beiden Seiten scharf geschliffenen Schwert mit einem Schlag En Hais Haupt vom Rumpf.

In Peking muss die Regierung ein Erinnerungsmahnmal am Ort des Mordes mit einer mahnenden Inschrift auf Deutsch, Latein und Chinesisch errichten. Der Pailou, ein weißer Marmorbogen mit einem mittleren Durchgang von sieben Meter Breite und knapp zehn Meter Höhe und zwei seitlichen Durchgängen von je fünf Meter Breite, wird am 17. Januar 1903, es ist ein klarer, windstiller Wintertag, eingeweiht. Der Pailou überspannt die Hatamen-Straße an der Stelle, an der Ketteler zu Tode gekommen ist. Das Ehrenmal trägt die Inschrift: „Dieses Monument ist auf Befehl Seiner Majestät des Kaisers von China errichtet worden für den an dieser Stätte durch ruchlose Mörderhand gefallenen Kaiserlich Deutschen Gesandten, Freiherr Clemens von Ketteler, zum ewigen Gedenken an seinen Namen, zum bleibenden Beweise für den Zorn des Kaisers ob dieser Freveltat zur Warnung für Alle."

In der chinesischen Öffentlichkeit scheint sich eher die Tat des Mandschu-Feldwebels mit dem Torbogen zu verbinden. In der Zwischenkriegszeit sollen nämlich Rikscha-Fahrer auf die Frage nach dem Denkmal nicht ohne Stolz geantwortet haben, dieses sei für einen chinesischen Patrioten errichtet worden, der einen deutschen Diplomaten getötet habe.

Kassel, 18. August 1900. Der 68jährige Feldmarschall Alfred Graf von Waldersee ist Wilhelms Auserwählter. Kaiser Wilhelm persönlich übergibt den Marschallstab an Waldersee und in einer überschwänglichen Rede bezeichnet er ihn als Marschall der Truppen der zivilisierten Welt. Doch der „Weltmarschall", wie er danach ironisch genannt wird, fährt seinen Truppen hinterher. Bereits nach der ersten (Falsch-)Meldung über den Tod des Gesandten von Ketteler fordert Wilhelm II. nicht nur, Peking dem Erdboden gleichzumachen, sondern auch den deutschen Oberbefehl über die gemeinsame Militäraktion. Nach mühseligen diplomatischen Verhandlungen gelingt es Wilhelm tatsächlich, die Zustimmung für einen deutschen Oberbefehlshaber zu erreichen. Seine Majestät ist darüber überglücklich. Nur, welche Befugnisse und Aufgaben der deutsche Feldmarschall konkret haben soll, davon ist nirgends die Rede.
An einem brütend heißen Morgen des 20. August 1900 verlässt Feldmarschall von Waldersee Berlin mit einem Sonderzug. Nach der Zwischenetappe Kassel lautet das Ziel: Neapel. Dort begibt er sich an Bord von dem aus Genua kommenden Lloyddampfer „Sachsen", um seine große Fahrt nach Peking ins Machtzentrum des Reichs der Mitte fortzusetzen. Zuvor aber legt er einen Zwischenstopp in Shanghai ein.

Hinrichtung des Mörders von Ketteler. Wahrscheinlich nachgestellte Szene. Peking, 1900. (Ullstein Bilderdienst)

Dort wartet bereits der neue Kaiserliche Gesandte für Peking Alfons Freiherr Mumm von Schwarzenstein, dessen Bruder Hermann Chef des Champagnerhauses Mumm ist, auf ihn. Selbstverständlich kann Mumm nicht vor dem Oberkommandierenden in Peking eintreffen. Ein schwerwiegender Verstoß gegen die Etikette. Während er also wartet, kümmert Mumm sich persönlich um drittklassige Protokollfragen. Wo soll die Parade für den Oberkommandierenden stattfinden? Im englisch dominierten Settlement? Im französischen Carré? Endlich einigt man sich auf die Internationale Rennbahn.

Deutsche Soldaten vor dem Yonghe-Tempel. Peking, 1902. (Ullstein Bilderdienst)

Residenz des Gesandten in Shanghai ist das Kaiserliche Generalkonsulat, eine etwas merkwürdige Mischung aus einem Bankpalais und einem preußischen Landgericht, vierstöckig, streng, kalt, protzig. Wilhelminisch eben. Das Beste an dem Gebäude ist seine Lage in der Nähe des Victoria-Parks mit Aussicht auf den Wangpau, einem Zufluss des Yangtze. Fasziniert beobachtet Mumm von der Terrasse aus die Dschunken und Sampans, die Tag und Nacht den Fluss hinauf- und hinabfahren. Bei gutem Wetter finden jeden Abend im nahen Park Konzerte statt. Damen und Herren aus verschiedenen Ländern finden sich ein und lauschen auf

Longchairs ausgestreckt der Musik. Um Punkt elf Uhr ist die Darbietung zu Ende. Um den Zeitraum einzuhalten, werden nach Händel- oder Bachkonzerten noch einige Militärmärsche gespielt. Danach lädt man sich zu einem Gute-Nacht-Drink oder einem kleinen Diner ein. Es gehört zur gesellschaftlichen Pflicht der ausländischen Gemeinde sich wenigstens einmal in der Woche dort sehen zu lassen. Chinesen meiden den Ort. Das macht den Europäern aber nichts aus, denn nun kann man sich ganz ungeniert gegenseitig versichern, wie angenehm es doch in Shanghai ohne Chinesen ist.

Dabei will besonders die chinesische Jeunesse Dorée, die reiche, leichtlebige Großstadtjugend, doch eigentlich nur so sein wie die Europäer. Die Herren tragen teils chinesische, teils westliche Kleidung, wobei weiße Anzüge überwiegen. Die Kleider der Frauen sind meist aus blassblauer Seide. Als modisches Accessoire tragen sie Blüten oder künstliche Schmetterlinge im glänzenden schwarzen Haar. Ihre Gesichter sind fast durchgängig weiß und rosa geschminkt. Ein roter Klecks auf der Unterlippe rundet das Make-up ab. Die Frauen mit ihren bunt gekleideten Kindern sitzen abseits ihrer Männer. Letztere vergnügen sich mit Brett- und Kartenspielen, während ihre Frauen Eis essen oder kalte Getränke schlürfen.

Shanghai ist einer der so genannten Vertragshäfen, die alle die gleiche Struktur aufweisen. In ihnen genießen die ausländischen Kaufleute besondere Privilegien und in den jeweiligen Konzessionsgebieten gilt das

Recht der westlichen Mächte. An der ummauerten Chinesenstadt schließt sich, entlang eines Flusses, die Ausländersiedlung an. Die Siedlung besteht aus den jeweiligen Konsulaten, den Klubs, Kirchen und dem Rennplatz. Das Zentrum des Geschäftslebens in Shanghai ist die breite Uferstraße, der Bund, anglo-indisch für Kaimauer oder auch künstliche Uferstraße. Hier befinden sich die aus Stein errichteten Niederlassungen der bedeutenden Handelshäuser und Banken. Zu allen Tageszeiten herrscht auf dem Bund ein unglaubliches Menschengewühl, Kulis schleppen ihre Lasten, ausländische Firmenbosse und ihre chinesischen Mittelsmänner eilen von Geschäftstermin zu Geschäftstermin, Missionare schreiten in ihren Kutten daher und Matrosen auf Landgang flanieren den Bund entlang. Kanonenboote liegen auf dem Fluss vor Anker und schützen das Konzessionsgebiet.

Von einer kleinen chinesischen Landkreisstadt zu einer Weltmetropole. Der Gesandte Mumm ist für kurze Zeit Augenzeuge dieser Entwicklung. Shanghai, an der Mündung des Yangtze gelegen, verdankt eben diesem Fluss seinen Aufstieg. Von hier werden die Importgüter ins Innere Chinas geschifft und umgekehrt die Exportgüter zum Meer transportiert. Anders als in den übrigen Vertragshäfen ist die Ausländersiedlung Shanghais aufgeteilt in eine internationale Siedlung, die die Briten dominieren und eine Französische Konzession. Für die Franzosen kommt es natürlich nicht in Frage, in einer von den Briten beherrschten Siedlung zu leben. Deshalb haben sie ihre eigene.

Parks sind ein Kennzeichen der Ausländersiedlungen. Am Eingang des Huangpo-Parks am Nordende der Uferpromenade von Shanghai befindet sich ein Schild, auf dem steht, dass nicht nur Hunde und Fahrräder im Park verboten sind, sondern auch den Chinesen der Zutritt verwehrt ist. Diese Demütigung ist unauslöschlich in das Gedächtnis eines jeden Chinesen eingebrannt.

Ungeachtet dessen nimmt Mumm sein Frühstück auf der Terrasse mit Blick auf Park und Fluss unter einem gewaltigen Sonnenschirm ein. Das Frühstück findet gegen elf Uhr morgens statt und ist des Gesandten zweites Frühstück. Gegen acht trinkt er meist eine Schale Kaffee und isst ein Croissant. Danach erscheint der chinesische Barbier, der ihn jeden Morgen rasiert. Er ist ein würdiger alter Mann mit einem kahlen Kopf, lang herunterhängendem Zopf und schlurfendem Gang. Wortlos und gekonnt verrichtet er seine Arbeit, sehr zum Wohlwollen des Gesandten. Das zweite Frühstück dagegen ist eher von zeremonieller Natur, bei der er sich mindestens ein halbe Flasche Champagner und zwei Dutzend Austern gönnt. Abends gibt es hauptsächlich kalten Braten, eingelegten Fisch, verschiedene Käsesorten und Dessert. Dazu wird Tee und Rheinwein von den Mummschen Weingütern gereicht. Natürlich aus den ersten Lagen des Rheingaus.

Die Ankunft Waldersees rückt immer näher. Das heißt für Mumm, dass er die Räumlichkeiten des Generalkonsulats zugunsten des Feldmarschalls aufgeben muss. Das für Mumm angemietet Objekt befindet sich

in der Nähe der Bubbling-Well Road am Rande der internationalen Siedlung, beste Lage. Nur wenige Meter entfernt, ebenfalls in der Bubbling-Well Raod, liegt das Haus des chinesischen Präfekten von Shanghai Tsai. Tsai sucht geradezu den Umgang mit Europäern und so lädt er auch Mumm zu einem Diner in sein Haus, das eher einer Residenz gleicht, ein. Die Leibwache des Präfekten in Paraderüstungen, die denen der kaiserlichen Garden nachempfunden sind, steht Spalier. Die Innenhöfe werden von roten Laternen erleuchtet und Musiker spielen chinesische Musik. Die Residenz besteht aus einer Reihe von einstöckigen Gebäuden, die um drei Höfe gruppiert sind, wobei die Audienzhalle das Zentrum des gesamten Ensembles bildet. Etwa zwanzig Personen, meist Chinesen, nehmen an dem Essen teil, darunter keine Frauen. Das Diner setzt sich aus 18 Gängen zusammen, wobei alternierend europäische und chinesische Gänge gereicht werden. Die chinesischen Gerichte, von einem exzellenten Koch zubereitet, erweisen sich als raffiniert und ausgezeichnet. Eine besondere Delikatesse ist dabei in Streifen geschnittenes, geräuchertes Hirschfleisch auf Kohl, garniert mit „Frieden verheißenden Früchten". Die Getränke allerdings erweisen sich als eher enttäuschend. Der Champagner ist etwas zu warm, der Reiswein etwas zu kalt, und beide sind im Geschmack etwas fad.
Endlich trifft der Llyoddampfer mit Waldersee an Bord in Shanghai ein. Genauer gesagt, er wirft Anker in Wusang, der eigentlichen Reede von

Shanghai, wenige Kilometer vor der Stadt. Hier ankern die größeren Schiffe, so auch das deutsche Panzergeschwader und ein Teil des Kreuzergeschwaders. Zum Empfang des Oberkommandierenden sind neben deutschen Marinesoldaten auch ausländische Truppen angetreten. Besonders eindrucksvoll sind die Schwadronen indischer Reiter. Hans Dieter Schreeb beschreibt den Empfang so: „Auf ihren rassigen, ungeduldigen Pferden und in ihren leuchtenden Uniformen, rote Turbane auf dem Kopf und Krummschwerter in der rechten Faust, wirken sie so martialisch wie malerisch. Feldmarschall Waldersee begegnet den zu seinen Ehren angetretenen Soldaten ganz passend, in einer Operettenuniform mit Gardelitzen. Fangschnüren und roten Aufschlägen, den Marschallstab energisch umfassend, ganz Willen und Entschlossenheit. Sein glattes, rosiges Gesicht erinnert an die Reklame von Kinderpuder; nicht eine einzige Falte ist zu bemerken, und das bei einem Mann an die Siebzig."

Der September neigt sich mittlerweile dem Ende entgegen, der Boxeraufstand ist schon seit Monaten niedergeschlagen und noch immer weilt der Oberkommandierende in Shanghai, tausend Kilometer vom Geschehen entfernt, meist beschäftigt mit Protokollfragen und Eifersüchteleien zwischen den alliierten Offizieren. Niemand drängt den Weltmarschall zum Aufbruch. Peking ist bereits von alliierten Truppen, darunter auch immerhin einigen Deutschen, erobert und in Besatzungszonen aufgeteilt.

Endlich naht das Ende von Waldersees Aufenthalt in Shanghai. Diesmal reist er ohne großes Zeremoniell ab. Er lässt sich vom Gesandten und dessen Stab an Bord des Großen Kreuzers „Hertha" geleiten, reicht Mumm die Hand. Das war´s auch schon. Am 25. September trifft Waldersee standesgemäß auf der „Hertha" auf der Reede von Taku ein. Zwei Tage später, wegen schlechten Wetters kann er das Kriegsschiff zunächst nicht verlassen, schlägt er in einer dem Hause Krupp gehörenden Villa in Tianjin sein Hauptquartier auf.

Unverdrossen nimmt Waldersee am 27. September die erste Parade der internationalen Streitmacht in Tianjin ab. Auf dem Bahnsteig erwarten ihn die Vertreter aller Offizierskorps. Der weißhaarige alte Herr mit dem rosigen glatten Gesicht entsteigt dem Salonwagen. Er ist eine imposante Erscheinung in einer ihm von Kaiser Wilhelm geliehenen Tropenuniform, wie sie der Kaiser auf seiner Reise nach Palästina getragen hat: ein gelblicher Waffenrock mit roten Aufschlägen und Gardelitzen. An der linken Schulter sind die Fangschnüre des General-Adjutanten angebracht, die andere ziert das Achselstück mit den gekreuzten Marschallstäben. Der Ulanensäbel hängt an einem breiten naturledernen Gurt, von zwei braunen Schulterriemen gehalten. Die gelblichen Reithosen und die hohen hellbraunen Reitstiefel ähneln denen der Kürassieroffiziere. In der rechten Hand trägt Waldersee einen kurzen Stock mit Silbergriff und silberner Quaste, den ihm der Kaiser als „Interim-Marschallstab" verliehen hat. Vom Bahnhof geht es zum Empfang in das deutsche Konsulat. Es ist ein richtig großer Tag für die deutschen Truppen. Allerdings zeichnet Müdigkeit den Feldmarschall, nach einer 12000-Meilen-Reise, die Umstellung der Lebensweise, auch sein Alter fordert Tribut, ebenso wie die „Peiho Krankheit", die ihn schon am ersten Tag seiner Ankunft in Tianjin ereilt. Das ist doch alles ein bisschen viel für den Weltmarschall. Schon bald zieht er sich in sein Hauptquartier zurück.

Zu diesem Zeitpunkt ist China bereits militärisch geschlagen. Der Kaiser sieht seine Hoffnungen, dass ein deutscher Offizier die alliierten Truppen zur Eroberung Pekings anführen werde, jäh enttäuscht. Der Traum ist ausgeträumt. Waldersees Hauptaufgabe besteht nun darin, die Provinz Zhili von Boxern und chinesischen Regierungssoldaten zu säubern und durch Strafexpeditionen den Chinesen harte Bedingungen für einen Frieden zu diktieren. Dabei gehen die Deutschen rücksichtslos vor. Waldersee notiert in sein Tagebuch: „Wenn man bei uns zu Hause so harmlos ist zu glauben, es würde hier für christliche Kultur und Sitte Propaganda gemacht, so gibt das einmal arge Enttäuschung. Seit dem Dreißigjährigen Krieg und den Raubzügen der Franzosen zur Zeit Ludwigs XIV. in Deutschland ist ähnliches an Verwüstungen noch nicht vorgekommen."

Der zu spät gekommene „Weltmarschall" ist entschlossen, zu beweisen, was deutsche Soldaten zu leisten im Stande sind. Deshalb unternimmt er eine Reihe von Strafexpeditionen, was zu großem Leid in der betroffenen chinesischen Bevölkerung führt. „Das einzige, was mich stört, ist unsere Milde gegen die Chinesen", so Waldersee. Über seine Racheexpeditionen schickt er begeisterte Briefe an seinen Kaiser nach Potsdam und meldet, wie effektiv die Krupp-Geschütze funktionieren. Aus seiner Begeisterung macht auch Wilhelm keinen Hehl und schreibt eigenhändig zurück: „Wie es mich freut, von der ausgezeichneten Wirkung unserer schweren Haubitzen zu hören! Unsere ganze Feldartillerie kann stolz auf Sie sein."

Angesichts der dann doch bis Deutschland dringenden Gräueltaten wird August Bebel am 19. November 1900 im Reichstag ausrufen: „Nein, meine Herren, nicht Weltmarschall, nicht Feldmarschall ist Graf Waldersee, er ist einfach Exekutionsmarschall. Das ist der Titel, der ihm gebührt, kein anderer."

Doch davon weiß unser Weltmarschall nichts. Im Gegenteil, jetzt ist der lang ersehnte Augenblick da. Am 17. Oktober um 11 Uhr vormittags erreicht Feldmarschall Waldersee endlich Peking. Sein Einzug gerät zu einem grotesken Triumphzug mit allem militärischen Pomp. Die eigentliche Arbeit ist bereits getan, doch nun gilt es, die Chinesen zu demütigen. Generalmajor von Hoepfner und sein Stab reitet der Kolonne Waldersees in einer riesigen Staubwolke entgegen und begleitet sie zum Südosttor der Chinesenstadt. Dort erwartet sie die internationale Generalität mit einem Spalier der Ehrenkompanien und Musikkapellen. Nach einer etwas steifen Begrüßung setzt sich der Zug durch die Stadt in Bewegung. Die Führung übernimmt je eine Schwadron amerikanischer Kavallerie und bengalischer Lanzenreiter. Hinter Feldmarschall von Waldersee wird die Kommandoflagge geführt, dann folgen die Generäle, die Stäbe, die Truppenkommandeure aller Kontingente, die Ehrenkompanien und zum Schluss eine japanische Kavallerieschwadron auf prächtigen Pferden.

Beim Ritt durch das Tschien-men-Tor schießen deutsche Soldaten mit chinesischen Geschützen von der Mauer Salut, an der Marmorbrücke über dem Lotus-See die Japaner. Der Ritt über diese Brücke, die zum Winterpalast führt, ist mit Bedacht zur Demütigung der Chinesen ausgewählt worden. Nie zuvor hat sie ein Europäer – und schon gar nicht zu Pferd – überquert, denn darauf steht bei den Chinesen die Todesstrafe.

Ein britischer Beobachter gibt sich eher unbeeindruckt und kann nicht umhinkommen, den pittoresken Anblick, den Waldersee an der Spitze des Ostasienkorps in Peking bietet, zu bespötteln:

„Sein Einmarsch wirkte wie eine Farce auf mich. Mir fiel besonders sein hohes Alter auf und dass die Kopfbedeckungen, mit denen man das deutsche Expeditionskorps ausgestattet hatte, einfach lächerlich waren. Sie waren aus Stroh und sahen aus wie die in Südafrika üblichen Kolonialhüte. [...] Das musste die Vorstellung eines Berliner Hutmachers von geeigneter Kopfbedeckung für einen Sommer- und Herbstfeldzug in Asien sein. Der Hut ist praktisch nutzlos, und einen Monat früher wären alle Männer an einem Sonnenstich gestorben."

Waldersee hat beschlossen, in den Räumen der Kaiserin-Witwe in der Verbotenen Stadt untergebracht zu werden. Die chinesische Herrscherin werde das Beste schon für sich reserviert haben. Diesen Entschluss wird er schnell bitter bereuen.

Im Winterpalast empfangen Mitglieder der deutschen Gesandtschaft den neuen Hausherrn. Die Besichtigung der neuen Wohnstätte gerät zur ersten Enttäuschung für den alten Herrn. Als Palast im europäischen Sinne kann man die Häuser, in denen der engere Hof gewohnt hat, nicht bezeichnen.

Die einzelnen Räume wirken kalt und kahl, denn Diebe haben zuvor alles von Wert gestohlen.

Kiautschou. Hauptstraße in Tsimo. Undatiert. (Ullstein Bilderdienst)

Alfred Graf von Waldersee nimmt die Meldung des Bataillons-Kommandeurs Major Graham entgegen. Boxeraufstand. Peking, 1900. (BArch Bild 146-1970-068-45)

Die anderen zum Palast gehörigen Gebäude wie Beamtenwohnungen, Tempel und Vorratshäuser sind vollkommen leer geplündert, alle verschlossenen Behälter aufgebrochen und ihr Inhalt, soweit nicht wertlos, verstreut worden – ein regelrechter Schutthaufen. Waldersee klagt: „Jeder Landrat wohnt ja bei uns besser!" Der Feldmarschall beschließt umzuziehen. Seine neue Heimstatt wird der Palast der Pflege des Herzens, einer der größeren Paläste im Inneren Hof und damit im eigentlichen Wohnbereich des Kaisers, nicht weit von dem Wohnpalast der Kaiserin-Witwe entfernt. Beim Palast der Pflege des Herzens handelt es sich für chinesische Verhältnisse um ein ungewöhnlich hohes Gebäude mit kostbaren Schnitzereien an Wänden und Decken, das aber eher düster wirkt.

Doch Waldersee ist sich sicher, dass hier die chinesischen Kaiser ihren Ministern und Beamten Audienzen erteilt haben, und speziell zu Neujahr haben sich an diesem Ort die Kaiser die obligatorischen Glückwünsche ihrer Beamten angehört.

Von der Bedeutung seiner Persönlichkeit überzeugt und voll Eitelkeit bemerkt er: „Wenn ich nicht hergekommen wäre, ständen noch heute feindliche Truppen im Halbkreis drei Meilen vor Peking, und die Chinesen lachen über uns. Nur wenn man so scharf vorgeht wie möglich und rücksichtslos ist, kann man mit ihnen [den Chinesen] weiterkommen." Man kommt nicht umhin seinen gesamten Auftritt in China als Schauspielerei zu betrachten. Er spielt die Rolle des Weltmarschalls, um seinem Publikum - und das ist vornehmlich Kaiser Wilhelm - zu gefallen. Das wirkt sich nicht nur bei den von ihm angeordneten Racheexpeditionen, sondern auch bei der Episode um die Instrumente des kaiserlich-chinesischen Observatoriums, verheerend für den Ruf Deutschlands aus. Kurz nach seinem Eintreffen erwecken die im Osten der Tartarenstadt unweit der Legationen auf der Stadtmauer aufgestellten Instrumente des kaiserlichen Observatoriums – ein Geschenk König Ludwigs XIV. – sein Interesse. Die neun mehrere Meter hohen Instrumente aus Bronze imponieren ihm. Sie dienen weniger astronomischen als astrologischen Zwecken, darunter ein Himmelsglobus von zwei Metern Durchmesser, ein großer Sextant und zwei Messgeräte zur Bestimmung von Höhe und Breite. Waldersee misst ihnen weniger wissenschaftlichen denn künstlerischen Wert zu. Besonders beeindruckt ihn die künstlerische Ausführung der monumentalen Drachenfiguren, auf denen die Instrumente ruhen. Er ist sich sicher, dass diese herrlichen Figuren seinem kaiserlichen Gönner daheim entzücken würden.

Da auch die Franzosen ein Auge auf die Instrumente geworfen haben, kommt man zu einer gütlichen Einigung. Der Himmelsglobus und einige andere Instrumente kommen nach Deutschland, der Rest soll im wieder angelegten Garten der französischen Gesandtschaft aufgestellt werden. Die deutsche „Beute" wird schließlich in Potsdam auf der Terrasse der Orangerie im Park Sanssouci aufgestellt. Während die Franzosen schon bald die Instrumente an den chinesischen Hof zurückgeben, weigert man sich in Deutschland beharrlich. Erst im Artikel 131 des Versailler Friedensvertrages von 1919 muss Deutschland binnen zwölf Monate die Instrumente nach China zurücktransportieren.

Winter in Peking sind für gewöhnlich bitterkalt und vollkommen trocken. Häufig fegt ein schneidender Wind Wolken von grauem Staub durch Straßen und Gassen. Gegen diese Staubstürme kann man sich nur notdürftig mit Tüchern vor Mund und Nase schützen. Für die Chinesen ist der Kang eine beheizte Lagerstatt, auf der man der Bodenkälte entgeht. Die Raumtemperatur hingegen ist ihnen recht gleichgültig, denn um sich gegen diese Kälte zu wappnen, ziehen sie sich warm an, Seide, Wolle, Pelze in mehreren Schichten übereinander. Der Kang wird nur solange beheizt, bis die Steine warm sind, was für die Nacht reicht. Die Deutschen hingegen sehen in den Kangs eine regelrechte Art Raumheizung. Sie heizen die Kangs bis sie glühen und füllen jedes erreichbare Kohlenbecken bis an den Rand. Türen und Fenster bleiben geschlossen und werden noch möglichst abgedichtet. Da der Kang dann keine Zugluft mehr erhält, entströmen ihm giftige Gase, die sich im Raum sammeln. Opfer einer solchen Kohlenmonoxidvergiftung wird Oberst Graf von Yorck, den sein Bursche eines Morgens in tiefer Bewusstlosigkeit auffindet.

Auch Waldersee wird von einem ähnlichen Unglück heimgesucht. Es geschieht in der Nacht vom 17. auf den 18. April 1901 im deutschen Hauptquartier im Winterpalast. Graf Waldersee hat sich gerade zur Ruhe begeben, als er draußen im Hof Lärm hört. Als er aus dem Fenster schaut, sieht er voller Entsetzen, hohe Flammen aus dem Fenster des Anrichteraums neben seinem Speisezimmer schlagen. Mit rasender Geschwindigkeit breiten sich die Flammen über Holzgerüste und Strohmatten der Sonnendächer von Haus zu Haus aus. Bald steht der ganze Komplex, der von dem übrigen Winterpalast durch eine Mauer abgegrenzt ist, in hellen Flammen. Waldersee kann sich nicht mehr ankleiden, nimmt seinen Marschallstab an sich und rettet sich, nur mit einem Mantel bekleidet, aus dem Fenster. Sein Stabschef General von Schwarzhoff dagegen ist nicht vom Glück begünstigt. Er stirbt in den Flammen. Etwas später findet man heraus, dass ein überheizter Ofen im Anrichtezimmer die Ursache für den Brand gewesen ist.

Nun hat Waldersee endgültig die Lust an seinem Wirken als Weltmarschall verloren, zumal nach dem Brand auch keine militärischen Operationen mehr stattfinden. Völlig abgebrannt, wirkt der Weltmarschall reichlich derangiert. So muss er sich Wäsche von den Offizieren seines Stabes borgen, einen Tropenhelm erhält er von der Stabswache, Litewka von den Reitern, Stiefel vom Oberkriegsgerichtsrat. Seine neuen Hosen kommen von der Kavallerie-Stabswache, Gamaschen vom deutschen Gesandten, Säbel von einem sächsischen Infanterieoffizier und das Koppelzeug schenkt ihm General Stuart. Etwas später näht ihm der Regimentsschneider der bengalischen Lanzenreiter aus englischem Stoff einen eleganten Khaki-Anzug und ein chinesischer Schuster fertigt ihm dazu passende hohe Schuhe an.

Völlig frustriert beschließt Waldersee seine Mission schnellstmöglich zu beenden. Auch in Berlin verliert Kaiser Wilhelm die Lust an der Chinaexpedition. Am Abend des 2. Juni erreicht Waldersee eine Depesche, in der der Kaiser ihm freistellt, den Tag seiner Abreise zu bestimmen. Waldersee entschließt sich schnell und schon am 3. Juni um 7 Uhr 30 morgens verlässt er den Winterpalast.

Sein Auszug aus Peking gestaltet sich jedoch anders als sein pompöser Einzug. Wie die Chinesen schneiden ihn Russen, Franzosen und Amerikaner. Lediglich ein Schwadron der bengalischen Lanzenreiter wartet mit den deutschen Truppen in Paradestellung vor dem Winterpalast. Dann setzt sich die gesamte Kolonne durch die zum deutschen Quartier gehörende Feldmarschallstraße in Bewegung, in der Leutnant von Jena die gesamten Hausbewohner hat aufstellen und ein Hurra schreien lassen. Weiter geht es durch die Verbotene Stadt und ihre Tore und schließlich in gerader Richtung durch die Kaiserstraße, die Walderseestraße schneidend, nach dem großen Platz am Himmelstempel, auf dem der Bahnhof liegt. Als sich der Zug langsam in Bewegung setzt, präsentieren die Ehrenwachen und schießt eine japanische Batterie Salut. General von Trotha bringt ein Hurra aus und das versammelte englische Offizierskorps stimmt ein Hepp Hepp Hurra an. „Dann", so Waldersee, „ging es durch die Bresche der Stadtmauer, und Peking lag hinter mir!"

Wie wir gesehen haben, stand die Mission des Feldmarschalls von Waldersee unter keinem guten Stern. Er kommt zu spät, um an der Spitze der Truppen Peking zu erobern und das Gesandtschaftsviertel zu befreien. Es gibt keine größeren Schlachten unter seinem Kommando und damit auch keine militärischen Ehren zu ernten. Im Winter 1900/1901 sorgt die mangelnde Disziplin der internationalen Besatzungstruppen für ernsthafte Probleme. Die Spannungen zwischen den Truppenkontingenten selber wachsen und es kommt zu Disputen. Unglückliche Umstände untermauern Waldersees unglückselige Mission. So kommen mehrere hochrangige Offiziere bei Bränden ums Leben und Waldersee gelingt es gerade noch, sich in letzter Minute zu retten.

Heute sind die sichtbaren Zeichen der Erniedrigung Chinas, wie das Ketteler-Mahnmal oder die Mauern des internationalen Gesandtschaftsviertels verschwunden, doch die Erinnerung an die Strafexpeditionen, letztendlich unter Waldersees Oberkommando, sind geblieben. In einem kleinen historischen Museum in den Ruinen des Alten Sommerpalasts befindet sich eine Fotografie, die den feierlichen Einzug Waldersees nach Peking, eine pompöse Militärparade in die Verbotene Stadt, zeigt. Die Aufschrift lautet: „Vergesst niemals die Schande nationaler Erniedrigung."

Der Autor Bernhard Siever (rechts) mit dem mittlerweile verstorbenen Schulleiter der Deutschen Schule Jeddah Peter Diekmann und einem Beduinen in der Halbwüste nahe Mekka.

Blick von einer Anhöhe über die Tihama und die "Mekka-Abwässer" südlich von Jeddah.

"1906, Arnold Jung, Jungenthal bei Kirchen/Sieg" steht auf einer alten Dampflok in Madain Saleh. Die antike nabatäische Felsenstadt, die Siever im April 1987 besucht, war einst Durchgangsstation der Hedjazbahn von Damaskus nach Medina.

Sonnenuntergang am Roten Meer in der Nähe von Shoiba, Ausgangspunkt für Schnorchel-, Tauch- und Angelexkursionen ans Riff.

Lehrer der Deutschen Schule und Angehörige des Generalkonsulats in Jeddah werden auf ihrer Tour in den Norden der Arabischen Halbinsel von Saudis eingeladen: Im Schatten von Palmen wird in einer Oase in der Nähe von Medina Lamm serviert.

Straßenszene in Sana'a, aufgenommen während einer Reise in den Jemen im April 1988.

Neujahrstag 1997: über verschneite Straßen von Peking aus unterwegs zur Großen Mauer bei Mutianyu.

Der Ketteler-Marmorbogen in Peking, der eigentlich an die "Freveltat" an den deutschen Gesandten erinnern sollte, wurde zu einem "Erinnerungsbogen an den Sieg der Wahrheit" und steht seit 1919 in einem Park in der Nähe des Platzes des himmlischen Friedens.

Der berühmte südliche Eingang mit dem Maobild in die "Verbotene Stadt" - Als Zeichen des demütigenden Triumphes residierte "Weltmarschall" von Waldersee während der Niederschlagung des Boxeraufstandes im Kaiserpalast.

Wehmütige Stimmung im Yuánmíng Yuán: Die Ruinen des Alten Sommerpalastes erinnern an die Invasion eines anglofranzösischen Invasionsheeres im Jahr 1860 und gelten in China heute als Zeugen für die nationale Demütigung durch die ausländischen Mächte im 19. Jahrhundert.

Kulinarisches Singapur: ein typisches Mittagessen in einem Hawker am Binjai Park - am Fuße des Bukit Tinggi, wo sich auch die German European School Singapore befindet.

Südseeträume in Singapur: Abendstimmung am Tanjung Beach auf der Insel Sentosa.

Svenja und Sebastian, die Kinder von Bernhard Siever, bereiten sich im Februar 2005 auf das chinesische Neujahrsfest vor.

Leben in den Tropen: Blick aus Sievers Wohnung im Sommerville Park in Singapur auf den Pool.

Die achtjährige Svenja ist im Cable Car unterwegs nach Sentosa - im Hintergrund erkennt man die Skyline der Metropole Singapur.

Nur wenige Fahrstunden von Singapur entfernt: Sebastian schwebt auf der malaysischen Insel Tioman in den tropischen Abend hinein.

Haidarpascha in Istanbul - Der historische Bahnhof war der Ausgangspunkt der legendären Bagdadbahn, von der eine Abzweigung in Damaskus ins heutige Saudi Arabien führte - die Hedjazbahn.

Die Autoren dieses Buches, Volker Schult (links) und Bernhard Siever (rechts), sind wieder unterwegs nach Asien, doch diesmal ist der Weg kurz: Vom europäischen Teil Istanbuls aus geht es im Frühling 2012 in wenigen Minuten mit der Fähre über den Bosporus hinüber nach Üsküdar.

Mein letzter Tag in China

19. Mai 2008. Mein Wiedersehen mit dem Haus 2 der Deutschen Botschaft am Tag zuvor hat noch einmal die Erinnerungen an meine Trauung über zehn Jahre zuvor lebendig werden lassen. Und so muss ich an diesem Morgen auch noch einmal an die standesamtliche Trauung im Jahr 1997 denken, die im Heimatort meiner Frau in Chengdu einige Monate vor der kirchlichen Vermählung vollzogen worden war. Ich hatte damals einen kleinen Beitrag unter der Überschrift "Hochzeitsreise nach Chengdu" für die "Deister- und Weserzeitung", meine Heimatzeitung in Hameln, verfasst, den ich an dieser Stelle gern wiedergeben möchte:

"Wir waren unterwegs zum Standesamt, inmitten eines unendlichen Meeres von Radfahrern in bunten Regenumhängen. Es goss in Strömen, die Straße war verschmutzt von den zahlreichen Baustellen zur Linken und zur Rechten. Baulärm und das ständige Gehupe der vorbeirasenden Autos lagen uns in den Ohren. Liu Yun, meine chinesische Verlobte, hatte Tränen in den Augen, mühsam verborgen von der Kapuze ihres Anoraks. Nach zwei Jahren war sie zurückgekehrt und hatte mich mitgebracht, einen „laowai" (Mischung aus Schimpf- und Kosewort für „Ausländer"), den sie in der fernen Hauptstadt Peking kennengelernt hatte, um ihn zu heiraten. Sie war zurückgekehrt in ihre Heimat, die sie kaum wiedererkannte. Nichts schien mehr vertraut, aus der kleinen verträumten, von

Bäumen gesäumten Gasse, die an ihrem Elternhaus vorbeiführte, war eine Schnellstraße geworden, die den Krach nun Tag und Nacht in ihr altes Kinderzimmer trug, und ihre Gefühle schwankten zwischen leiser Melancholie und wilder Trauer, als sie nun die Stadt ihrer Jugend wiedererblickte: Chengdu.

Die Wolkendecke riss auf, milde Sonnenstrahlen fielen auf die Holzbalkone der zweistöckigen Häuser der Altstadt. Die Gärten der Teehäuser füllten sich, die Menschen hatten längst Tische und Stühle vor ihre Häuser gestellt oder gaben sich im Schatten eines Bambushains ihrer großen Leidenschaft hin, dem Mahjongspiel. Die Ohrenputzer und Gesichtsdeuter hatten reichlich zu tun, die Zeitungsverkäufer reißenden Absatz, im Volkspark standen die Schulmädchen Schlange vor einem Stand, an dem eine Verkäuferin aus heißen Zuckerguss mit einem Löffel und ein paar geschickten Handbewegungen kunstvolle Drachenfiguren zauberte, die wenige Minuten später in den kleinen Mündern glücklicher Kindergesichter verschwanden. Liu Yun erinnerte sich an ihre Kindertage, als sie oft sehnsüchtig an einem dieser Stände zuschaute, aber nicht das Geld dafür hatte, sich diese süße Kostbarkeit zu leisten. Sie lächelte und fühlte sich wieder zu Hause. Ein Anflug von einem Lächeln schien auch über das Gesicht der riesigen Statue Mao Tse Tungs zu huschen, die sich im Zentrum der Stadt am Nordende des Boulevards Renmin Nanlu befindet und wohlwollend auf das fröhliche Treiben seiner Landsleute herabblickt.

Chengdu ist die Hauptstadt der mit über 100 Millionen Einwohnern be-

völkerungsreichsten Provinz Chinas, Sichuan, mit der die meisten Leser wohl zunächst einmal den Großen Panda, der hier in den gewaltigen Bambuswäldern zu Hause ist, und dann die scharfe und würzige Küche in Verbindung bringen werden. Die „Hibiskusstadt", gelegen am Jin Jiang, dem „Brokatfluss", ist eine Stadt voller Gegensätze, Gegensätze, wie sie krasser kaum sein können und wie sie gegenwärtig überall dieses riesige „Reich der Mitte" prägen. Auf der einen Seite ist Chengdu, das mitten in einem Schwemmland liegt, in dem Reis angebaut wird, eine reizvolle grüne Stadt mit einer jahrtausendealten Geschichte und Kultur, die von der Hektik und Geschäftigkeit der Ostküste noch nicht erfasst zu sein scheint. Hier hat der größte Dichter der Tangzeit, Du Fu, seine schönsten Gedichte verfasst, hier gibt es idyllische Gassen und weitläufige, liebevoll vor allem mit Bambussträuchern angelegte Parkanlagen, Oasen der Stille. Auf der anderen Seite ist diese Stadt auch ein Wirtschaftszentrum und, was High Tech und Elektronik angeht, sogar führend in China. Die wachsende Bedeutung der Metropole Sichuans hat auch die Bundesrepublik Deutschland erkannt und hier vor kurzem ein Konsulat eröffnet. Die Kehrseite des ökonomischen Booms ist aber auch nicht zu übersehen. Rücksichtslos werden Schneisen in die Altstadt geschlagen, ein Großteil der Stadt ist Baustelle, Schmutz und Lärm sind allgegenwärtig, alte gewachsene Stadtviertel sind nicht wiederzuerkennen, Wolkenkratzer, Bürotürme und Fünf-Sterne-Hotels entstehen. Die Einwohner Chengdus nehmen dieses Chaos allerdings recht gleichmütig hin, und der Besucher zeigt sich überrascht, mit welchem Optimismus man Unannehmlichkeiten, die man für eine ‚Übergangszeit' erduldet, in Kauf nimmt. Träume, vor allem aus dem Fernsehen gespeist, stehen, so glaubt man, vor der Verwirklichung, und man zeigt sich überzeugt, dass man gerade den Anfang einer neuen wunderbaren Zeit erlebe.

Als Liu Yun und ich am 24. März ziemlich durchnässt das Standesamt betraten, war die Standesbeamtin zunächst unfreundlich, fehlende Papiere mussten noch beim ‚Straßenbüro' beschafft werden, auch hier ging es eher mürrisch zu. Das Heiratsdatum war wichtig, die Zahlen haben für Chinesen alle ihre Bedeutung. So kam der vierte Monat des Jahres, der April, nicht in Frage, denn die chinesische Aussprache der ‚4' ähnelt der von ‚sterben', es musste also noch der März sein. Wir mussten von daher alles daransetzen, noch in der gleichen Woche unseren roten Hochzeitsspass, den ‚Jiehunzhen', der rein äußerlich ein wenig an die Maobibel erinnert, zu bekommen, möglichst am Freitag, denn da war der 28., ein idealer Termin, denn ‚8' bedeutet Reichtum und die ‚2' davor bedeutet ‚doppelten' Reichtum, was ja auch nicht schlecht ist. Die Standesbeamtin indes war unerbittlich, klagte über ihre gesundheitlichen Beschwerden, ihre Arbeitsüberlastung, es war nichts zu machen. Der Termin wurde auf Mittwoch, den 2. April festgelegt, und für diesen ‚frühen' Zeitpunkt sollten wir ihr möglichst auch noch unsere demütige Dankbarkeit bezeugen. Wir fügten uns in unser Schicksal und machten am Donnerstag und Freitag eine Reise nach Leshan, wo sich die größte Buddha-Statue der Welt

befindet, und zum Emei Shan, einem der heiligen buddhistischen Berge Chinas. Als wir am Freitagabend, von den Strapazen der Reise erschöpft, gegen 20 Uhr wieder in Chengdu eintrafen, rief Liu Yuns hilfsbereite und umtriebige Schwester Liu Ping an, die mittlerweile die Beamtin mit einem erlesenen Sortiment an ausgewählten Süßigkeiten korrumpiert hatte. Die Stimmung der Dame war beim Anblick der Köstlichkeiten umgeschlagen: Die schon auf den 2.4. ausgestellten Heiratspässe schrieb sie sofort auf den 28.3. um, und damit waren wir - so ganz nebenbei, und ohne es zu wissen - bereits 20 Stunden verheiratet.
Die Wochen in Chengdu werden mir in lebhafter Erinnerung bleiben. So war sicherlich auch der Besuch des Fußball-Erstligaspiels im ausverkauften Stadion von Chengdu gegen den Spitzenreiter Dalian ein Höhepunkt. (Klaus Schlappner zählt übrigens zu den berühmtesten Deutschen mittlerweile im fußballverrückten China, da er einige Zeit die chinesische Nationalmannschaft betreute und am Aufbau der Fußballiga maßgeblich beteiligt war.) Unvergesslich aber bleibt die herzliche Aufnahme in Liu Yuns Familie, rührend waren die aussichtslosen Bemühungen der hilfsbereiten Liu Ping und des Schwiegervaters, mich in die Geheimnisse der Mahjong-Spiels einzuführen. Besonders dankbar bin ich aber auch der in der Kalligraphie geübten Schwiegermutter, die uns in chinesischen Charakteren eine Schriftrolle mit den Worten ‚shun qi zi ran‘ (Folge Deiner Natur!) mit auf den gemeinsamen Lebensweg gab, und Liu Pings Mann, einem in Sichuan allseits bekannten Maler, der uns sein Gemälde ‚Mäd-

chen aus Nordsichuan´ schenkte. Unser Fahrzeug war in Chengdu keine weiße Kutsche, sondern ein rostiges Fahrrad, es gab keine getragenen Worte eines Standesbeamten, sondern nur einen schlichten Verwaltungsakt, die Romantik hielt sich in Grenzen, aber die Intensität der Eindrücke und Gefühle lässt sich kaum in Worte fassen.

Die eigentliche Hochzeitsfeier und kirchliche Trauung findet übrigens im Mai in der Deutschen Botschaft in Peking statt, zu der dann auch meine Eltern aus Aerzen und mein Bruder aus Göttingen anreisen werden. Der Mai ist für eine Hochzeit ja auch in Deutschland wie geschaffen, in China muss allerdings auch das Datum wieder stimmen, ‚5´ ist in Ordnung, aber - sicher ist sicher - die ‚8´ sollte ruhig auch wieder eine Rolle spielen. So haben wir uns dann auf Pfingstsonntag, den 18. Mai 1997 geeinigt. Ob uns die Kombination der beiden Heiratstermine dann auch wirklich - wie erhofft - dreifachen Reichtum (dreimal die 8!) bescheren wird, das werden wir uns aber wohl noch durch einen Wahrsager bestätigen lassen müssen."

So schrieb ich damals und heute weiß ich: Obwohl die Rechenarithmetik - glückstechnisch gesehen - unter positiven Vorzeichen stand und obwohl uns tatsächlich später auch noch ein Wahrsager auf dem Nachtmarkt in Hongkong einen harmonischen Bund fürs Leben voraussagte, ahnte ich bereits in diesen Frühlingstagen in Peking, dass diese Ehe möglicherweise bald scheitern könnte.

Mit diesen Gedanken machte ich mich dann noch einmal auf zum Platz des Himmlischen Friedens. Ich fuhr vorbei am Observatorium, das an der Kreuzung von zweitem Ring und Jianguomenwai Dajie liegt und dessen Instrumente von Deutschen und Franzosen während der Niederschlagung des Boxeraufstandes als Beutekunst mitgenommen wurden. „Weltmarschall" Waldersee spielte dabei eine unrühmliche Rolle. Ich habe das Qianmen besichtigt, das Tor, durch das dieser deutsche Feldmarschall einst ritt. Ich bin seinen Spuren gefolgt, habe noch einmal den Tianamenplatz durchschritten, die olympische Uhr, die noch 81 Tage anzeigt, in Augenschein genommen und gelange dann über die Marmorbrücke in die verbotene Stadt. Diese Brücke entweihte Waldersee bei seinem provozierenden Triumphzug einst, um die Chinesen zu demütigen. Natürlich versuche ich auch den „Palast der Pflege des Herzens", in dem der Deutsche einst residierte, zu Gesicht zu bekommen, aber dieser im östlichen Teil des Kaiserpalastes gelegene Bereich ist für Besucher leider nicht zugänglich. Mit dem Taxi geht es dann vom Nordtor der Verbotenen Stadt aus auf der Nord-Südachse am Glocken- und Trommelturm vorbei Richtung Nordwesten, wo sich neben dem „neuen" auch der „alte" Sommerpalast befindet, der Yuánmíng Yuán, der in einer Strafexpedition von französischen und britischen Truppen 1860 vollständig zerstört wurde. Heute soll dieser Trümmerpark, wie schon zuvor erwähnt, die Chinesen an die „nationale Erniedrigung" durch die Kolonialmächte erinnern. Beim Anblick der zerstörten Gebäude wird die Dimension des Patriotismus, der einem in China immer wieder begegnet und teilweise befremden mag, ein wenig verständlicher.

Eine eigenartige Atmosphäre liegt heute über der Stadt. Die Fahnen wehen auf Halbmast, eine dreitägige Staatstrauer ist angekündigt. Vor genau einer Woche ereignete sich das furchtbare Erdbeben in Sichuan. Um genau 14.28 Uhr, dem Moment, als das Erdbeben begann, steht der neue Flughafen, von dem aus ich das Reich der Mitte wieder Richtung Singapur verlassen werde, still, die Menschen gedenken in einer Schweigeminute der Opfer. Ein bewegender Moment. Ich verlasse ein Land, das sich in einem kollektiven Schockzustand befindet - und ich selbst? Ich kann mich nicht erinnern, diesem Land jemals so nah gewesen zu sein wie in diesem Moment. China, mein Traum, mein Leben.

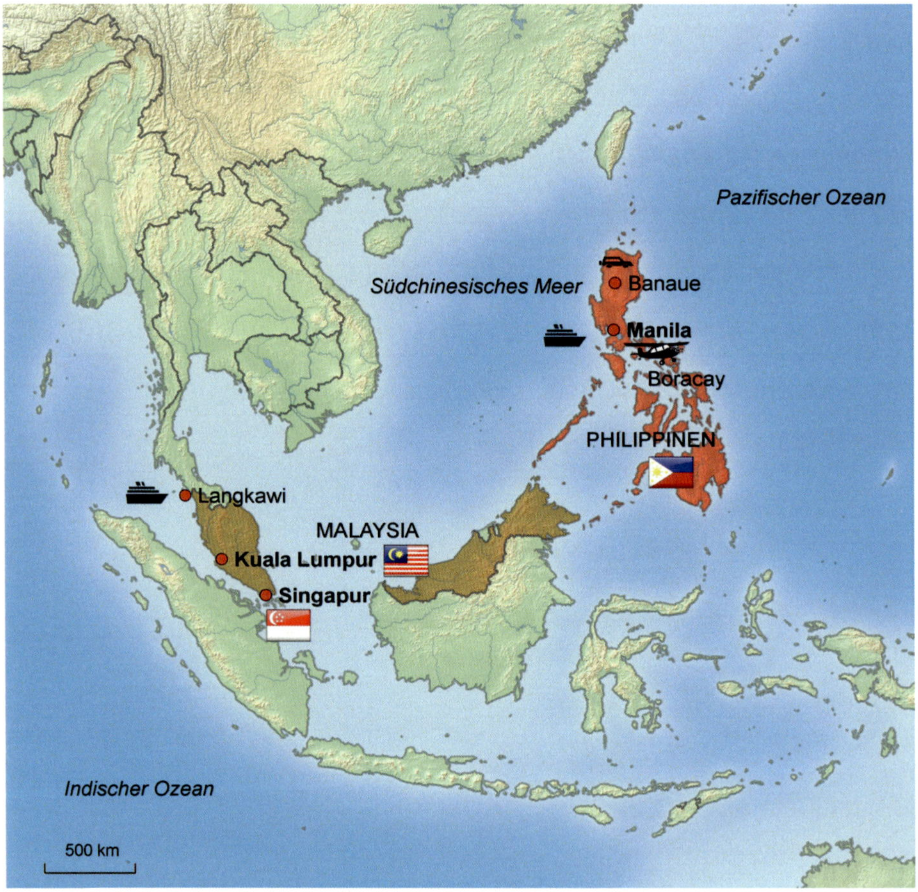
Pazifischer Ozean
Südchinesisches Meer
Banaue
Manila
Boracay
PHILIPPINEN
Langkawi
MALAYSIA
Kuala Lumpur
Singapur
Indischer Ozean
500 km

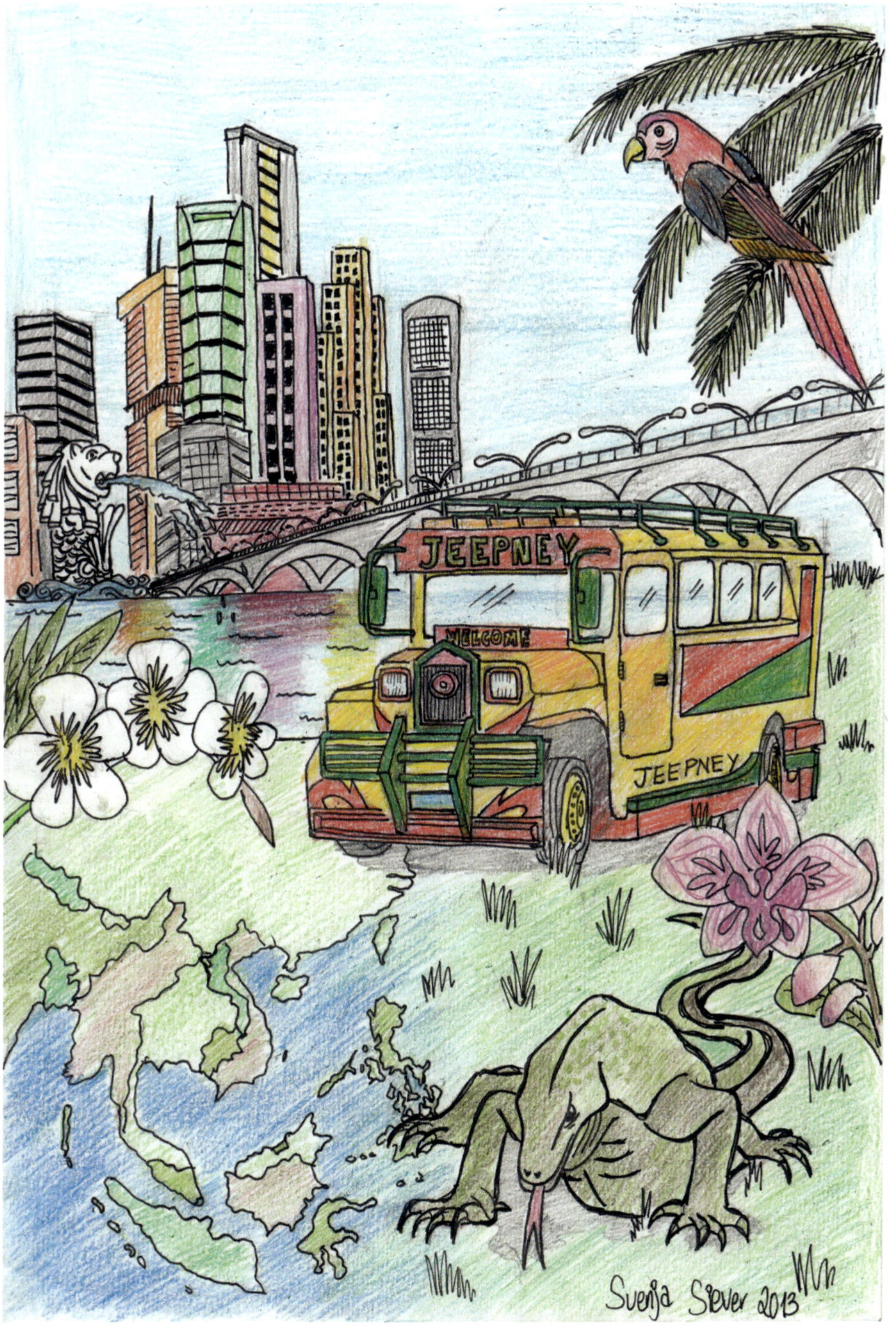
JEEPNEY
WELCOME
JEEPNEY
Svenja Siever 2013

III. Südostasien – Gefährliche Tropen

Manila – Umkämpfte Perle des Orients

Frankfurt am Main, Flughafen. 2. April 1987. Aufregung. Spannung. Nervosität. Abschiedsschmerz. Nun ist es also soweit. Mein erster Flug nach Manila, einstmals die Perle des Orients, steht unmittelbar bevor. Seit zwei Jahren habe ich mein Dissertationsprojekt über die Philippinen vorbereitet und nun nach einem Zwischenstopp in Dubai und einem Transitaufenthalt in Taipeh werde ich also in Südostasien ankommen.

4. April. Anflug auf Manila. Der Fensterplatz lässt mich einen ersten Blick auf die herrliche Bucht von Manila werfen. Fast in der Mitte der Bucht ist die Felseninsel Corregidor zu sehen, die Festungsinsel vor Manila. Im Süden kann ich Cavite ausmachen, Marinestützpunkt der philippinischen Marine und Ort einer für die weitere Entwicklung der Philippinen schicksalhaften Seeschlacht.

Von dem Moloch Manila sind zunächst nur zwei Rauchsäulen auszumachen. Smoky Mountains aus dem Slumgebiet Tondo grüßt den Reisenden bereits aus großer Distanz. Vorboten, auf das, was einem nach der Landung erwartet. Hitze und Smog sind dann auch folgerichtig die ersten Eindrücke. Aber trotzdem: endlich in Südostasien, endlich in den Philippinen, endlich in Manila angekommen. Kann man sich in so eine Stadt verlieben?

Manila, 1. Mai 1898. Kein friedlicher Tag in der atemberaubend schönen Bucht von Manila. Salve auf Salve schwerer Granaten schlagen auf den Decks der spanischen Kriegsschiffe ein. Schiffe mit den klangvollen Namen „Reina Cristina" oder „Don Juan de Austria" versinken in den eigentlich angenehm warmen Fluten vor dem Marinestützpunkt Cavite. Die Spanier sind chancenlos – so ist der Kreuzer „Castilla" eine Holzkonstruktion - gegen die weit überlegenden Stahlmonster mit dem Sternenbanner. In den seichten Gewässern müssen die aufgereiht liegenden spanischen Schiffen Treffer auf Treffer von den im Kreis dampfenden amerikanischen Kriegsschiffen hinnehmen. So kommt jedes von ihnen immer wieder an die Reihe und kann seine Geschosse gen Gegner abfeuern. Nach der Seeschlacht zählt man 5859 abgeschossene Granaten. Neben ihrer Flotte verlieren die Spanier 371 Mann und auch ihren Stolz, während auf amerikanischer Seite nur neun Verletzte zu beklagen sind.

1. Mai 1898. Ein historischer Tag, eine spanische Tragödie, ein amerikanischer Triumph. Doch Commodore George Dewey befindet sich in einer merkwürdigen Situation. Er kontrolliert uneingeschränkt die gesamte Bucht von Manila, verfügt aber nicht über genügend Soldaten, um die Stadt selber einzunehmen und zu halten. Darüber hinaus besagen seine Einsatzbefehle aus Washington nichts über ein weiteres Vorgehen.

Da das Unterwasserkabel nach Hongkong gekappt wurde, ist eine schnelle Kommunikation mit Washington nicht möglich.

Auch die Lage auf den Philippinen trägt nicht gerade zur Entspannung bei. Nach über dreihundert Jahren Kolonialherrschaft sehen sich die Spanier seit 1896 philippinischen Revolutionären gegenüber, die mittlerweile weitgehende Kontrolle über das Land, nicht aber über die Städte ausüben. 10000 spanische Soldaten verteidigen die Stadt Manila, während sie von 30000 philippinischen Revolutionären belagert werden. Und nun befinden sich amerikanische Kriegsschiffe mitten im Geschehen. Nur, was soll Dewey in dieser Situation tun? Auf sich alleine gestellt, beschließt er, zunächst einmal eine Blockade zu verhängen. Schon bald macht sich aber Nervosität breit. Gerüchte sind im Umlauf, dass eine spanische Expeditionsflotte im Anmarsch sei, während die Amerikaner nur noch über geringe Munitionsvorräte für ihre Geschütze verfügen. Dewey benötigt unbedingt Verstärkung aus den Vereinigten Staaten. Doch das dauert.

Deweys Sorgen werden nicht geringer, als sich am frühen Nachmittag des 6. Mai eine Rauchfahne am Horizont abzeichnet. Schnell kommt das Schiff näher und kann schließlich als Kleiner Kreuzer „Irene" des deutschen Kreuzergeschwaders identifiziert werden. Aber Erleichterung macht sich trotzdem nicht breit bei Dewey. Auch er weiß, dass die Deutschen auf der Suche nach Kolonien und Marinestützpunkten sind, um ihren Anspruch auf Weltgeltung zu unterstreichen. Was hat das Aufkreuzen des deutschen Kriegsschiffes zu bedeuten?

Auf keinen Fall etwas Gutes. Zunächst allerdings legt sich die Aufregung. Artig verlangsamt die „Irene" ihre Fahrt, dampft gemächlich an der ankernden amerikanischen Flotte vorbei, feuert einen 11-Schuss Salut zu Ehren Deweys ab und die Schiffskapelle intoniert die amerikanische Nationalhymne. Dann ankert sie auf der Reede von Manila bei dem französischen und britischen Kreuzern. Tags darauf geht Kapitän August Obenheimer zu einem Höflichkeitsbesuch an Bord des amerikanischen Flaggschiffes „Olympia" und trifft anschließend Vorkehrungen, um in einem Notfall deutsche Staatsbürger, aber auch Österreicher, Schweizer und Holländer zu evakuieren. Dazu richtet er einen Signalposten auf dem Gelände des deutschen Konsulats ein. Zusammen mit Konsul Friedrich Krüger beschließt er, vier kleine Dampfer zur Aufnahme von Flüchtlingen zu chartern und sie an der Mündung des Pasig Flusses bereitzuhalten.

Mit der Ankunft von „Irene" beginnen jedoch bereits die ersten Probleme. Als „Irene" an Deweys Schiffen vorbeidampft, spielt die Bordkapelle die amerikanische Nationalhymne. Der spanische Lotse an Bord missversteht die Melodie und ist erfreut, den spanischen Krönungsmarsch zu hören. Für ihn ein klares Bekenntnis der Deutschen zugunsten der Spanier. Wieder in Manila berichtet er ausgiebig darüber. Die führende Zeitung Manilas titelt daraufhin mit der Schlagzeile „Wohlwollende Demonstration". Die schon seit geraumer Zeit verzweifelten Spanier in

Manila jubeln. Der deutsche Kaiser hat beschlossen, ihnen zu Hilfe zu eilen. Dewey, der von vornherein nicht gerade prodeutsche Gefühle hegt, misstraut den Absichten Obenheimers.

Seine Stimmung wird nicht besser, als nur drei Tage später mit S.M.S. „Cormoran" ein weiteres deutsches Kriegsschiff auf der Reede von Manila vor Anker geht. Die Kommandanten Obenheimer und Brussatis erweisen dem spanischen Generalgouverneur die Ehre und machen ihm ihre Aufwartung in Manila. Deweys Misstrauen erhält dadurch neue Nahrung. Er spricht von einer bevorstehenden deutsch-spanischen Verschwörung. Neue Gerüchte ziehen ihre Kreise in Manila und heizen die Stimmung weiter an. So eile Prinz Heinrich mit sieben weiteren Schiffen zum Entsatz von Manila heran und die Deutschen werden dann die amerikanische Flotte in den Grund bohren.

Damit nicht genug trifft am 6. Juni der Dampfer „Darmstadt" des Norddeutschen Lloyd voll beladen mit Ausrüstung und 1.400 Soldaten an Bord in der Bucht von Manila ein. Ein deutsches Landungskorps? Beginnen deutsche Marineinfanteristen mit amphibischen Operationen? Deweys Besorgnis wächst beträchtlich. Obenheimer beeilt sich Dewey zu erklären, dass die Sache ganz harmlos sei. Es handelt sich nur um die schon lange geplante Ablösung der Besatzungen der beiden deutschen Kriegsschiffe und um nichts anderes. Argwöhnisch beobachten die Amerikaner in den nächsten Tages den Austausch der Besatzungen. Dann dampft die „Darmstadt" weiter Richtung Tsingtao.

Währenddessen diskutiert im frühsommerlichen Berlin Kaiser Wilhelm II. mit von Bülow und Tirpitz die Lage auf den Philippinen. Während Bülow sich für ein deutsches Vorgehen in den Philippinen ausspricht, fürchtet Tirpitz eher negative Folgen für den von ihm favorisierten Ausbau der heimischen Schlachtflotte und rät ab. Hin- und hergerissen befiehlt daraufhin Wilhelm, dass sich Vize-Admiral Diederichs persönlich ein Bild von der Lage vor Manila machen solle.

So geht am 2. Juni der Befehl an den Helden von Kiautschou ab, sich in Persona über die Situation vor Ort zu informieren. Strengste Neutralität nach allen Seiten sei zu wahren. Mit diesen recht wagen Instruktionen begibt sich der dynamische und zupackende von Diederichs nach Manila, um dort, so seine Vorstellungen, ein deutsches Hongkong zu errichten.

Diedrichs begrüßt den Einsatzbefehl Richtung Manila nach sechs Monaten mühseligem Dienst in Kiautschou. Vielleicht kann er wieder Geschichte schreiben. Mit dem schweren Kreuzer „Kaiserin Augusta" erreicht er am Morgen des 12. Juni die Bucht von Manila. Von einer amerikanischen Blockade ist weit und breit nichts zu sehen. Vollkommen ungehindert dampft er an Deweys vor Cavite ankernder Flotte und den Masten der versenkten spanischen Kriegsschiffe vorbei, um schließlich auf der Reede von Manila vor Anker zu gehen. Dann beginnen die üblichen Höflichkeitsbesuche. Damit muss der an Lebensalter ältere Dewey beginnen, denn er ist erst nach seinem Sieg über die Spanier zum Vize-Admiral befördert worden. So will es die Etikette. Die Unterredungen beginnen höflich und förmlich, nehmen in ihrem Verlauf aber an Schärfe zu. Dewey äußert sich irritiert über die Anzahl der deutschen Kriegsschiffe vor Manila und unterstellt deutsche Absichten auf die Philippinen. Diederichs reagiert darauf sehr knapp mit: „Ich bin hier auf Befehl des Kaisers", was Dewey als eine herrische und auch kriegerische Antwort interpretiert.

Am Tag darauf beginnt Diederichs seinen Höflichkeitsbesuch beim spanischen Generalgouverneur General Augustin, den letzterer im Kaiserlichen Konsulat am Nachmittag erwidert. General Augustin wartet bereits ungeduldig auf seinen Besucher, denn er glaubt, dass Diederichs zu seiner Unterstützung gekommen sei und geheime Befehle mitbringe. Enttäuscht muss er jedoch feststellen, dass dies nicht so ist.

Der spanische Generalgouverneur residiert in Intramuros, dem alten Machtzentrum der Stadt, „innerhalb der Mauern". Und das ist tatsächlich wörtlich zu nehmen. Mit dem Lineal zogen die Spanier den Grundriss ihres kolonialen Zentrums. Die Straßen sind im rechten Winkel angelegt, sodass schließlich 64 Häuserblocks entstanden. Umgeben von gewaltigen Mauern, gesichert durch Kanonen und starke Tore durchziehen sechzehn Straßen den einstmals sumpfigen Untergrund. An keiner Stelle sind die ovalförmig angelegten Mauern weniger als 30 Fuß hoch und 40 Fuß breit. Im Norden grenzt Intramuros an den Pasig Fluss, ansonsten ist die Stadt von einem 50 Fuß breiten Graben umgeben. 226 Kanonen, die meisten mittlerweile vollkommen veraltet, sollen die Sicherheit garantieren.

Unweit vom Fort Santiago steht am Hauptplatz die Kathedrale mit zwei Türmen und einer Zentralkuppel, die den Seefahrern, die in die Bucht von Manila segelten, einst als Orientierungspunkt galt. Neben ihr befindet sich das Haus des Erzbischofs und schräg gegenüber der eindrucksvolle Gouverneurspalast. Im benachbarten „Ayuntamiento"-Gebäude ist der Stadtrat mit seinen höchsten spanischen Beamten untergebracht. Die vierte Front zum Hauptplatz füllt die „Audencia Real", das königliche Gericht, aus. Der Platz selbst war einst leer und prall der unbarmherzigen tropischen Sonne ausgesetzt. Hier fand man keine Blumen, keine Bäume. Vielmehr brauchte man ihn für abendliche Versammlungen, Paraden, Stierkämpfe oder andere Feste aus besonderem Anlass. Jetzt fristen auf dem mit Gaslaternen umrahmten Platz immerhin einige Bäume und Sträucher ihr eher bescheidenes Dasein.

In der zweiten Häuserblockreihe thronen die prächtigen Wohnhäuser der hohen adligen Beamten. Hölzerne, verflochten geschnitzte Balkone im ersten Stock lassen die Fassaden weit in die Straßen hineinrücken. Durch die massigen, mit bunten Wappenschildern verzierten Tore können selbst vierspännige Kutschen in einen imposanten mit Säulen bestandenen Innenhof einfahren. Was wäre eine spanische Kolonialstadt ohne ihre Kirchen! Nicht weniger als 30 Kirchen und Klöster füllen den

Rest der zentrumsnahen Zone aus. Größe und Prunk vereinen sich hier und konkurrieren miteinander.

Zwischen den beiden Besuchen hat Diederichs etwas Zeit, um sich einen ersten Eindruck von der belagerten Stadt Manila zu verschaffen, deren Einwohnerzahl mittlerweile auf 350000 angewachsen ist. Nördlich des Pasig Flusses im Stadtteil Tondo ragen die langen rechteckigen zweigeschossigen Ziegelsteinhallen der Fabriken für die berühmten „Manila-Zigarren" über das Grasdächermeer. Die Schornsteine der Hanfdrehereien, wo das für Schiffstaue beliebte „Manila-Hanf" verarbeitet wird, konkurrieren mit den Glockentürmen der zahlreichen Kirchen. Hinter der Pasig Mole in Binondo stehen gewaltige Fabrikgebäude für Rum („Tanduay") und Gin mit gigantischen Schornsteinen, die höchsten Manilas. Zwischen Tondo und Binondo befindet sich die Eisenbahnstation Tutuban, ein Kopfbahnhof. Mit seinen zwei lang gestreckten Holzgeschossen und einem weit vorgezogenen Ziegeldach sieht es wie das pompöse Verwaltungsgebäude einer Plantage aus. Gusseiserne Säulen tragen das Glasdach. Der Bahnhof befindet sich in der Nähe der Reismühlen, des Großmarktes Divisoria, der Tabakmanufaktur, der Kaianlagen und auch der vornehmen Wohnstraße Anloague.

Der wirklich faszinierende Ort der Stadt, der neue Treffpunkt, ist die Geschäftsstraße Escolta in Binondo, die hinter einem Block dreihundert Meter parallel zum Pasig verläuft. Hier befinden sich all die Luxusläden mit Waren aus dem Orient oder aus englischen Fabriken, die Modegeschäfte, Buchläden und großen Warenhäuser mit klingenden Namen wie „La Puerta del Sol" oder „Estrella del Norte". Von Vormittag bis nach Mitternacht kommt es dort zu Staus, Kutscher fluchen, Trambahnfahrer klingeln wie wild, auf den Fußwegen drängeln sich die Menschenmassen. Doch nicht in letzter Zeit und nicht heute.

Diederichs bemerkt vielmehr Szenen von Unordnung und auch Chaos. Die Lage in der Stadt ist bedrohlich. Vorbei ist die Zeit des so beliebten Promenierens auf der „Luneta", einer am südlichen Rand von Intramuros gelegenen halbmondförmigen Pflasterstraße an der Bucht von Manila. Jeden Abend zogen hier aufgeputzte Spanier ihre Runden, meist mit ihren Kutschen, begrüßten sich freundlich, trieben Smalltalk und wollten sehen und gesehen werden. Nur wenn die Kirchenglocken von Intramuros erklangen und zum Angelusbeten aufforderten, erstarb jedes Gespräch. Spätestens um zehn Uhr abends musste die „Luneta" geräumt sein, denn dann schlossen die Stadttore von Intramuros.

Auch das ist vorbei. Es plagen die Spanier nun ganz andere Sorgen. Immer häufiger laufen philippinisch-spanische Regimenter und einheimische Milizen zu den Aufständischen über und verstärken das Heer der Belagerer. Die Spanier haben neue Verteidigungsanlagen ausgehoben, die jedoch einen wenig Vertrauen erweckenden Eindruck hinterlassen. Die Brustwehren bestehen meist nur aus mit Sand gefüllten Säcken. Die Geschütze sind hauptsächlich veraltete Vorderlader.

Da die Kaufleute ihre Waren nicht mehr verkaufen können, sind die meisten Läden geschlossen, während größere Menschenmengen sich am Rande der Panik durch die Straßen bewegen. Die wertvolleren Warenvorräte haben die Kaufleute auf den vor Reede liegenden kleineren gecharterten Dampfern in Sicherheit gebracht. Die städtischen Behörden haben in den Parks und entlang der großen Durchgangsstraßen die Bäume abschlagen lassen. Man benötigt sie als Brennstoff und man will freie Schusszonen im Falle eines Angriffs schaffen. Wo immer Diederichs auftaucht, wird er von der spanischen Bevölkerung freudig und hoffnungsvoll begrüßt, weil sie in ihm ihren Heilsbringer zu erkennen glauben.

Man sieht kaum einen Spanier ohne Waffen. Nachts lagern in den Hauptstraßen und vor den großen Warenhäusern Wachen von bis zu 40 Mann. Man hat Angst vor Saboteuren und Brandstiftern. Immer wieder ist anhaltendes Geschütz- und Gewehrfeuer zu hören und zahlreiche Feuersäulen sind sichtbar. Der Fall Manilas scheint bald bevorzustehen.

Diederichs allerdings plagen nach seinem Rundgang durch die Stadt und seinen ersten Eindrücken andere Sorgen. Die andauernden Gerüchte, wonach die Deutschen den Spaniern zu Hilfe kommen werden, schüren erhebliche Unruhe und könnten auch Konfliktpotential bieten. Wie Recht Diederichs damit haben soll, werden wir noch sehen. Auf der anderen Seite interpretiert Dewey Diederichs Treffen mit Augustin als einen Beweis für eine deutsch-spanische Verschwörung und ist auf der

Hut. Diederichs wiederum beschließt gerade deshalb, verstärkt auf ein neutrales Auftreten zu achten.

Manila, 28. August 1987. Auch fast 90 Jahre später droht Manila und damit das ganze Land zu fallen, diesmal allerdings in die Hände von eigenen Leuten, von Putschisten gegen die gewählte philippinische Regierung.

Mal wieder eine dieser feuchtheißen Tropennächte in dem Moloch Manila. Der Ventilator in dem kleinen Zimmer gibt sein Bestes. Zumindest ist unter dem Moskitonetz in regelmäßigen Abständen ein Lufthauch zu spüren. Trotzdem – ein tiefer, regelmäßiger Schlaf will sich auch nach Monaten in den Tropen nicht einstellen.

Aber so fürchterlich ist es eigentlich gar nicht. Die tägliche Rückkehr aus dem Nationalarchiv am Rizal-Park führt mich in die kleine, beschauliche, ja familiäre San Pascual Street im Stadtteil Malate. Hier bei Myrna Arceo bewohne ich den unteren Teil des Hauses, wenn keine weiteren Besucher da sind, alleine. Die Nachbarn sind bekannt, man grüßt sich, hält ein kleines Schwätzchen, geht zu der kleinen Tienda, um sich für den Abend mit einer oder auch zwei Flaschen kühlen San Miguel Bier zu versorgen.

All die Geräusche – oder sollte man eher Lärm sagen – sind mittlerweile bekannt und vertraut. Jeden Morgen lässt der Nachbar seinen VW Käfer, den ganzen Stolz der Familie, warm laufen, dann wird er unter mehrmaligen Gasgeben aus der engen Toreinfahrt in die Gasse hinausgefahren, ganz vorsichtig, die ganze Familie hilft, denn es soll ja keine Schramme geben.

Doch dieses frühmorgendliche Ritual stört den Schlafsuchenden schon gar nicht mehr, denn ab vier Uhr morgens fangen die allseits beliebten Hähne der gesamten Nachbarschaft reihum an zu krähen, irgendwann werden auch die ersten Transistorradios eingeschaltet, Filipino-Pop zum Wachwerden. Mit solch einem Geräuschpegel geht es, nachdem ich mich im Bad mit einem Eimer kalten Wassers als Ersatz für eine nicht vorhandene Dusche über dem Kopf fit gemacht habe, zur täglichen Archivarbeit.

Doch heute, es ist Freitag der 28. August 1987, ist es anders – ganz anders – bedrohlich anders. Ich gehe aus dem Haus und bemerke eigentlich erst jetzt, dass es um mich herum ungewöhnlich ruhig ist, eine gedämpfte Atmosphäre ist spürbar. Kein Motorenwarmlaufenlassen, keine Nachbarn, kein Geschwätz. Im Nachhinein meine ich sogar behaupten zu wollen, selbst die Hähne hätten nicht gekräht. Nur die Radios sind eingeschaltet. Allerdings ist nirgends Musik zu hören, sondern es scheinen nur Nachrichten zu laufen. Aber mich ficht das nicht an, denn ich habe am Vortag sehr interessantes neues Aktenmaterial für meine Dissertation entdeckt. Also geht es direkt ins Nationalarchiv. Mein Ziel erreiche ich ungewöhnlich schnell, da merkwürdigerweise kaum Autos auf den Straßen sind. Im Archiv bemerke ich verwundert, dass mich die netten Mitarbeiterinnen etwas ungläubig anstarren. Außer mir ist noch niemand im Archiv, um zu forschen, was mich aber nicht weiter stört. Freundlich bitte ich um die gestern bestellten Dokumente. Ein Zögern. Was ist bloß los, frage ich mich mittlerweile. Schließlich erbarmt sich eine Archivarin und mit leiser Stimme, fast verschwörerisch höre ich dann die Worte: Putsch. Ungläubig schaue ich die Dame an und frage, ob es denn nicht möglich sei, trotzdem die Dokumente zu bekommen, zumal die umkämpften Regierungsgebäude doch recht weit vom Archiv entfernt liegen.

Bis dahin waren mir die Bedeutung und die möglichen Konsequenzen des Wortes Putsch in der realen politischen Welt überhaupt nicht klar. Man mag es naiv nennen, aber so etwas ist bei den eher beschaulichen bundesrepublikanischen Verhältnissen völlig außerhalb meines Vorstellungsvermögens. Doch als ich nun in die äußerst besorgten Gesichter blicke, beginne auch ich allmählich die Bedeutung des Wortes zu realisieren.

Schnellen Fußes begebe ich mich zu der ganz in der Nähe gelegenen Buchhandlung des Schriftstellers Sionil „Frankie" José, der seit meiner Ankunft in Manila am 4. April eine Art Mentor für mich ist. Dort rät man mir auch sofort in die San Pascual Street zurückzukehren. Vorher solle ich mich aber mit Nahrungsmitteln für mindestens drei Tage eindecken, denn es könne sein, dass die Flughäfen geschlossen werden und es eine Ausgangssperre gebe. Nun doch wirklich alarmiert, begebe ich mich zum nächsten Supermarkt. Nur ist die dortige Auswahl an Lebensmittel sehr überschaubar. Die Menschen sind dabei, durch Hamsterkäufe den Laden leer zu kaufen. Mir gelingt es noch einige Konserven und Wasser zu erstehen. So ausgerüstet, kehre ich also heim.

Nach kurzer Zeit beschließe ich einen Nachbarschaftsbesuch zu machen. Wenige Häuser entfernt, ebenfalls in der San Pascual Street, wohnt Heinz Kotte. Heinz ist Mitarbeiter für Nord-Süd-Beziehungen am Asian Social Institute in Manila und verfügt über sehr gute Kontakte in die eher linksorientierte politische Szene. Zugleich ist er ein intimer Kenner der politischen Lage. Ich habe Glück. Heinz ist zu Hause. Zusammen diskutieren wir die Situation und schalten den Fernseher ein. Tatsächlich wird noch gesendet. Natürlich sind die Informationen widersprüchlich. Aber allmählich beginnt sich ein Bild herauszuschälen.

Unzufriedene Kräfte des Militärs haben gegen die Regierung von Präsidentin Corazon „Cory" Aquino geputscht. Sie behaupten zentrale Gebäude in der Stadt unter Kontrolle zu haben und bewegen sich auf die Radio- und Fernsehsender zu. Der Verbleib von Präsidentin Aquino ist zunächst unklar. Zudem gibt es Spekulationen, dass die immer noch äußerst einflussreichen Amerikaner den Putsch angestiftet hätten, da sie mit der eher auf Deeskalierung ausgerichteten Politik gegenüber der philippinischen Linken nicht einverstanden seien. Zugleich beabsichtige Frau Aquino die Militärausgaben zu reduzieren. Hauptwaffenlieferant der philippinischen Armee sind natürlich die Amerikaner. Die Gerüchte besagen weiterhin, dass der Putsch als eine Art Warnung initiiert worden sei, dass aber nun die Putschisten nach ihren in dem Umfang überraschenden Anfangserfolgen weitermachen, also durchputschen wollen. Den Amerikanern gerate die Sache aus der Hand. Was daran nun wahr oder unwahr ist, bleibt unklar.

Da plötzlich Aufregung und Hektik im Fernsehen. Eine Sondersendung von einem geheimen Ort wird angekündigt. Plötzlich erscheint Präsidentin Aquino live von einem sicheren Ort außerhalb ihres Regierungssitzes. Sie verkündet, sie sei unversehrt und vor allem habe sie und die regierungstreuen Truppen die Lage wieder fast vollständig unter Kontrolle. Die Rebellen seien im Fort Aguinaldo, dem Hauptquartier der philippinischen Armee an der EDSA, der gigantischen, fast ringförmigen Autobahn um Manila, eingeschlossen. Vom gegenüberliegenden Hauptquartier der Philippine Constabulary (PC) in Camp Crame, bereiteten die loyalen Einheiten den entscheidenden Gegenangriff vor.

Heinz und ich schauen uns an. Unabhängig voneinander sind wir von Aquinos Ausführungen überzeugt. Wir hinterfragen das auch gar nicht weiter. Sollte man nicht versuchen an die EDSA zu kommen, um von dem entscheidenden Schlag gegen die Rebellen etwas mitzubekommen? Aber ganz ungefährlich ist das ja trotzdem nicht. Heinz hat eine Idee. Er hat Presseausweise von der Taz aus Berlin. Ich frage gar nicht, woher er sie hat, ich sehe nur, dass die Fotos mit unseren Gesichtern nicht so richtig übereinstimmen. Kein Problem, Daumen auf die Fotos, die Filipinos sind von Presseausweisen meist schwer beeindruckt.

Also, auf geht es. Trotz relativ leerer Straßen ist es ein langer Weg zu den Hauptquartieren an der EDSA. Mit Mühe nur finden wir einen der ansonsten allgegenwärtigen Jeepneys, die mit lauter, zum Teil extrem lauter Musik den Nahverkehr Manilas bewältigen. In der Befürchtung nicht mehr rechtzeitig zum Spektakel zu gelangen, erreichen wir dann doch zumindest die Nähe des Schauplatzes. Hastigen Schrittes gelangen wir in einen großen Pulk enthusiastischer Filipinos, die dem Spektakel ebenfalls beiwohnen wollen.

Endlich erreichen wir den Schauplatz. Rechtzeitig zum Showdown. Von Camp Crame aus setzen sich unter lauter Laban-Rufen, dem Schlachtruf der Cory-Anhänger, regierungstreue Einheiten in Bewegung. M-116 Schützenpanzer fahren auf das gegenüberliegende Camp Aguinaldo zu und versuchen, die Betonmauern einzureißen. Heinz und ich bewegen uns immer näher an den Ort des Geschehens heran. Plötzlich sind wir mittendrin und stehen auf der EDSA. Bis jetzt keine Gegenwehr der Putschisten, kein einziger Schuss wird abgefeuert. Ich erkenne regierungstreue Fallschirmjäger auf LKW und weitere hinter den Schützenpanzern herlaufend, den Schirm ihrer Mützen nach hinten gedreht. Coole, entschlossene, grimmige Gesichter. So sehen Sieger aus, denke ich mir.

Doch dann plötzlich: heftiges Feuer aus automatischen Waffen. Die Kugeln fliegen einem förmlich um die Ohren. Mit Entsetzen sehe ich, wie die ersten Soldaten getroffen werden, andere von den LKW abspringen, fluchtartig fortrennen, selbst die Schützenpanzer legen den Rückwärtsgang ein. Panik macht sich breit. Ich sehe gerade noch, wie Heinz auf die gegenüberliegende kleine Gasse zu sprintet. Doch da ich mich etwas weiter entfernt befinde und der Kugelhagel zunimmt, kommt für mich dieser Fluchtweg nicht in Frage. Also bleibt nur die Alternative mit den zurückflutenden Soldaten das Weite zu suchen.

Unvermindert hält das Feuer aus den Schnellfeuerwaffen an. So entschließe ich mich durch das Haupttor von Camp Crame zu spurten, um dort irgendwo Schutz zu suchen. Mit den anderen Fliehenden renne ich auf die hinter Mauern postierten, äußerst nervösen Soldaten zu. Wenn Soldaten derselben Armee gegeneinander kämpfen, sehen beide Seiten aus der Ferne gleich aus. Wenn nun die Soldaten glauben, dass wir auf sie zu rennende angreifende Putschisten sind, dann ist es aus. Hoffentlich verliert keiner von denen die Nerven. Es ist nicht besonders angenehm auf eine Reihe mit scharfer Munition geladener Gewehre zuzulaufen. In meiner Verzweiflung erinnere ich mich an den um meinen Hals hängenden Presseausweis und halte ihn wie eine Ikone vor mich hin, das Foto, wie vorher besprochen, mit dem Daumen abgedeckt. Eine absurde Situation wird mir später beim Nachdenken klar. Kein Mensch hätte aus dieser Distanz meinen kleinen Presseausweis erkennen können. Nach angstvollen Sekunden – mir kam es wie eine kleine Ewigkeit vor – erreichen wir die Stellungen „unserer" Soldaten.

Nun also bin ich mittendrin. Die Lage ist völlig verworren. Aber jeder glaubt, dass ein Gegenangriff der Putschisten unmittelbar bevorsteht. Wenn die in unsere Kaserne eindringen, dann wird es ein Gemetzel geben. „Wir" Verteidiger sind nicht gerade in optimistischer Stimmung. Verletzte werden in das hinter uns liegende Gebäude getragen, darunter auch ein Toter, den ersten, den ich aus nächster Nähe sehe. Sein Hemd ist voller Blut. Das ist alles, was ich registriere, kein Gesicht, keine Individualität.

Mein nächster Gedanke ist nur: Wie komme ich hier raus? Es muss doch einen Hinterausgang geben. Zugleich ist mir klar, dass ich jetzt das Spiel, ein Reporter zu sein, auch mitspielen muss. Wie sonst soll ich meinen Aufenthalt in Camp Crame erklären? Also setze ich mich in Bewegung, durchquere das Gebäude und laufe draußen an der Eckmauer des Gebäudes einem Colonel in die Arme. Neben ihm steht ein Zivilist. Er stellt sich als Reporter der Los Angeles Times vor, ich mich geistesgegenwärtig als sein Kollege von einer deutschen Tageszeitung. Wir befragen den Offizier gerade, wie er die Lage einschätze, als wir aus der Luft Motorengeräusche hören. In der Ferne sehen wir zwei propellergetriebene Kampfflugzeuge mit Raketen unter den Tragflächen auf uns zufliegen. Besorgt fragen wir den Colonel, ob es sich wohl um „unsere" handle. Er antwortet nur cool: „We´ll see but this is not a war game, boys". Ganz kurz kommt mir der Gedanke, mich auf die Erde an der Mauerecke zu werfen, dort, wo der Regenabfluss ist, um wenigstens etwas Schutz zu suchen. Zwei Dinge lassen es mich dann doch nicht tun: Zum einen, die beiden anderen bewegen sich auch nicht, zum anderen, die Ecke sieht so aus, als ob es sich um eine bevorzugte Urinierstelle handelt. Nein, dort werfe ich mich nicht hin. Abstruse Gedanken, im Kopf innerhalb weniger Sekunden diskutiert.

Wie gebannt starren wir alle drei auf die direkt auf uns zufliegenden Kampfflugzeuge. Bange Sekunden. Was wird passieren? Dann Erleichterung. Es sind „unsere". Sie donnern über uns hinweg und fliegen eine Angriffskurve, nehmen Kurs auf Camp Aguinaldo und beschießen die Putschisten mit ihren Raketen. Dort bricht Feuer aus und zugleich nimmt die Gegenwehr auf der anderen Seite deutlich ab.

Wie es nun endgültig ausgehen wird, interessiert mich persönlich nicht mehr, denn ich habe die Nase voll von diesem „Abenteuer". Nach zielstrebigem Lauf erreiche ich schließlich den Hinterausgang, ein mit starken Ketten und Schlössern gesichertes Tor. Zunächst zeigen die Soldaten nicht allzu viel Interesse, sich der mühsamen Prozedur des Aufschließens zu unterziehen. Doch dann hilft der Presseausweis, denn ich muss unbedingt eine Meldung an meine Zeitung absetzen, dass die regierungstreuen Truppen gesiegt haben. Das überzeugt.

Da ich keine Ahnung habe, wo ich genau bin, durchquere ich das sich hinter Camp Crame anschließende Wohngebiet weiträumig. Zwar handelt es sich bei diesem Wohngebiet eher um eine ärmlichere Siedlung, doch verspüre ich kein Unbehagen. Ganz im Gegenteil, die Leute sind eher freundlich. Nach einiger Zeit gelingt es mir, auf die EDSA zu stoßen. Das schafft Orientierung. Über mir fliegen zahlreiche Helikopter gen Einsatzgebiet, sodass ich beschließe, in die gleiche Richtung zu gehen. Irgendwie hoffe ich, auf Heinz zu stoßen, dem hoffentlich nichts passiert ist. Als ich schließlich wieder an den Ausgangspunkt unseres unfreiwilligen „Abenteuers" ankomme, höre ich schon Heinz Stimme.

Gesund und munter steht er vor mir und ist froh, dass auch mir nichts passiert ist. Es bedarf keiner Worte: so schnell wie möglich wollen wir versuchen, einen Jeepney zu bekommen, um zu unserer kleinen, beschaulichen San Pascual Street inmitten von Malate zurückzukehren. Richtige Freude will aber nicht aufkommen. Wir beide denken darüber nach, wie leichtsinnig wir unsere Gesundheit und eventuell sogar unser Leben aufs Spiel gesetzt haben.

Zurück ins Jahr 1898. Die weitere Steigerung der deutschen Präsenz in der Manilabucht durch die Ankunft der Kreuzer „Kaiser" und „Prinzess Wilhelm" erweist sich als kontraproduktiv. Sogleich moniert Dewey, dass „Kaiser" im Schutze der Dunkelheit eingetroffen sei und die amerikanische Blockade nicht respektiert habe. Damit sind alle Zutaten für eine mögliche deutsch-amerikanische Konfrontation gegeben. Die fünf deutschen Kriegsschiffe sind Deweys sechs Kriegsschiffen qualitativ überlegen. Die Sorgen auf amerikanischer Seite wachsen.

Angespannt erwartet Dewey einen Konvoi aus den Vereinigten Staaten mit Verstärkung. Zur Eskorte entsendet er ein Kriegsschiff und das Küstenwachboot „McCulloch" patrouilliert in der Bucht, um auf die Ankunft des Konvois zu warten. Da kreuzt die „Irene" seinen Weg. „McCulloch" setzt das internationale B-N-D Zeichen, was „Stopp, ich habe etwas mitzuteilen" bedeutet. Obenheimer lässt stoppen und Deweys Flaggoffizier Brumby visitiert das deutsche Schiff. Auf Obenheimers Nachfrage, welche dringende Angelegenheit ihn denn zum Stoppen gezwungen habe, gibt Brumby keine konkrete Auskunft. Daraufhin protestiert Obenheimer förmlich über dieses ungebührliche Verhalten.

Ohne auf diesen Vorgang weiter einzugehen, entsendet Diederichs den Kreuzer „Irene" einige Tage später in die Bucht von Subic, 60 Seemeilen nördlich von Manila. Subics Lage eignet sich hervorragend als Marinestützpunkt. Obenheimers Auftrag lautet, gegebenenfalls Deutsche zu evakuieren, die von philippinischen Revolutionären bedroht sein könnten, einen möglichen Schutzhafen im Falle eines Taifuns zu erkunden und natürlich auch den militärischen Wert der Bucht festzustellen. Sollte er im Laufe seiner Erkundung humanitäre Hilfe für Frauen und Kinder leisten müssen, ist er dazu autorisiert.

Also dampft „Irene" im Morgengrauen des 5. Juli von der Reede in Manila weisungsgemäß los. Nach einiger Zeit sichtet der Ausguck die „Companie de Filipinas", ein Schiff der Aufständischen, deren Besatzung gegen ihre spanischen Offiziere gemeutert und letztere ermordet hat. Die Filipinos informieren Obenheimer, dass sie die spanische Besatzung der Insel Isla Grande zur Kapitulation aufgefordert haben und im Falle der Weigerung die Insel beschießen würden. Obenheimer belehrt den philippinischen Offizier, dass die gehisste Flagge der Revolutionäre international nicht anerkannt sei und somit militärische Aktionen unter dieser Flagge einen Akt der Piraterie bedeuten. Der philippinische Offizier akzeptiert Obenheimers Worte, verspricht keinen Angriff durchzuführen und verschwindet mit seinem Schiff.

Die „Irene" setzt ihren Weg fort. Da Obenheimer keine bedrohten deutschen Staatsbürger entdecken kann, kehrt er nach Isla Grande zurück, wo er sieben Frauen, 21 Kinder, einen katholischen Priester und einen schwer verwundeten spanischen Soldaten aufnimmt. Bis dahin scheint alles in bester Ordnung zu sein. Doch Obenheimer weiß nicht, dass die „Filipinas" nach Cavite gefahren ist, wo ihr Kommandant sich bei dem Führer der Revolutionäre, Aguinaldo, bitterlich beklagt hat, dass ein deutsches Kriegsschiff ihn ohne Provokation und Rechtfertigung von seinem Angriff auf Isla Grande abgehalten habe. Aguinaldo wiederum hat nichts Eiligeres zu tun, als Dewey von der deutschen Intervention zu unterrichten. Dewey, aufgebracht, entsendet den leichten Kreuzer „Raleigh" und das Kanonenboot „Concord" nach Isla Grande, um die Angelegenheit in Augenschein zu nehmen.

Gerade als Obenheimer die Aufnahme der Zivilisten beendet hat, sieht man sich schnell nähernde Rauchfahnen am Horizont. Obenheimer ist besorgt, hat er doch gehofft, dass die Aufnahme von Zivilisten unbemerkt von den Amerikanern vonstatten gehen würde. Gefechtsbereit nähern sich die beiden amerikanischen Schiffe zügig der „Irene". Was haben sie vor? Droht ein Angriff? In dieser Situation entscheidet Obenheimer, mit Volldampf voraus davonzufahren. Kurze Zeit später hört er Granatfeuer. Was ist das Ziel? Durch sein Fernrohr erkennt er zu seiner Erleichterung, dass die Amerikaner die spanische Garnison auf Isla Grande unter Feuer nehmen. Noch einmal alles gut gegangen, meint Obenheimer – fälschlicherweise.

Kleiner Kreuzer „Irene" und US Kriegsschiff „Hugh McCulloch" vor Isla Grande, Bucht von Manila. Zeitgenössische Illustration, 1898. (Ullstein Bilderdienst)

Singapur-River. Um 1900. (Ullstein Bilderdienst)

Dewey nimmt die Angelegenheit mit weniger Gelassenheit hin. Er misstraut den deutschen Aktivitäten auf das Äußerste und beschließt, einen förmlichen Protest bei Diederichs einzureichen. Also begibt sich Brumby an Bord des deutschen Flaggschiffes und überreicht das Schreiben. Daraufhin antwortet Diederichs in ebenso förmlicher Weise und entsendet seinen Flaggoffizier, Paul von Hintze, zu Dewey an Bord der „Olympia". Nachdem Dewey Diederichs Brief gelesen hat, reagiert er zunächst recht konziliant. Er schiebt das B-N-D Signal und das anschließende Visitieren der „Irene" auf die Unerfahrenheit der Besatzung der „McCulloch" zurück. Hintze unterstreicht, dass ein Flaggen- oder Lichtsignal völlig

ausgereicht hätte, denn „Irene" befinde sich seit Mai in den Gewässern und sei eigentlich allen bekannt. Dewey fasst diese Worte wohl als eher ungebührliche Belehrung auf und beginnt etwas gereizter zu antworten, dass er das Recht habe, als Blockadeführer alle notwendigen Maßnahmen zu ergreifen, um die Identität eines jeden Schiffes sicherzustellen. Jetzt beginnt die Diskussion außer Kontrolle zu geraten und, so Hintze, Dewey redet sich immer mehr in Rage und schreit schließlich: „Wieso, ich werde jedes Schiff stoppen was immer seine Flagge sein möge. Und wenn es nicht stoppt, werde ich auf es feuern. Und das bedeutet Krieg, wissen Sie das? Und ich sage Ihnen, wenn Deutschland den Krieg will, in Ordnung, wir sind bereit!"
Starker Tobak. Von Krise über Konfrontation zum Krieg? Hintze beschließt, das amerikanische Flaggschiff zu verlassen, um Diederichs Bericht zu erstatten. Wie wird Diederichs auf diesen Ausfall reagieren? Der Admiral wiederum informiert seinen Kaiser in Berlin über den Vorfall. Was steht in der Depesche? Wie wird der impulsive Kaiser reagieren? Sieht er seine über alles geliebte Marine und vor allem seine Flagge missachtet? Ist das kaiserliche Prestige in Gefahr? Wird der Kaiser seinen Bruder Prinz Heinrich mit der 2. Division entsenden? Wird es Krieg geben?
Diederichs schreibt an Kaiser Wilhelm: „Ich meine beides mit der Unreife und Unerzogenheit der amerikanischen Nation entschuldigen zu müssen; welche keine Zeit gehabt hat, neben den materiellen Fortschritten

ihre Söhne auch Takt und gute Sitte zu lehren." Vollkommen einig mit seinem Admiral glossiert Wilhelm „Richtig". Vor Ort geht die Korrespondenz zwischen den beiden Befehlshabern über die Rechtmäßigkeit und Durchführung der Blockade durch die amerikanische Flotte zwar weiter, auch das Misstrauen bleibt, doch ist eine unmittelbare Kriegsgefahr gebannt. Als Dewey Diederichs von einem gerade eingetroffenen Nachschubtransport ein gefrorenes Lamm bringen lässt und Diederichs sich mit einem lebenden Kalb, das er eben erst aus Hongkong erhalten hat, revanchiert, ist der „Lamm-Waffenstillstand" hergestellt. Die Beziehungen bleiben formell, aber nicht unfreundlich.

Ein letztendlich besonnenes Verhalten von Diederichs und auch von Kaiser Wilhelm hat dazu beigetragen, die Lage zu entspannen. Nichtsdestotrotz muss auch Diederichs eingestehen, dass sein Auftauchen als Vize-Admiral mit fünf Kriegsschiffen nicht gerade zur Beruhigung der Amerikaner beigetragen hat. Im Gegenteil, es hat zu verschärften Spannungen geführt. Auch der recht vage Befehl für Diederichs Entsendung sollte nicht unerwähnt bleiben. Von außen betrachtet, wusste man nicht, was die wirklichen Absichten des Deutschen Reiches waren. Das machte die Sache unkalkulierbar und schürte zusätzliches Misstrauen.

Nach diesem Zwischenfall in der Bucht von Manila geht es Schlag auf Schlag weiter. Nach Entsendung weiterer amerikanischer Truppenverbände kapitulieren die Spanier, die Amerikaner besetzen Manila und beschließen, gleich die ganzen Philippinen zu kolonisieren. Damit handeln sie sich einen blutigen Guerillakrieg mit den philippinischen Revolutionären ein, der offiziell erst 1902 beendet wird. Das immerhin bleibt den Deutschen erspart. Diederichs verlässt die Philippinen und dampft vielmehr nach Batavia, um den Feierlichkeiten zur Thronbesteigung von Königin Wilhelmina der Niederlande beizuwohnen. Feier statt Krieg. Keine schlechte Alternative.

Doch noch bis zum März 1899 bleibt jeweils ein deutsches Kriegsschiff in den Philippinen, um im Notfall den Schutz von Reichsangehörigen zu garantieren. Das führt aber auch weiterhin zu heiklen Situationen. So dampft der Kleine Kreuzer „Irene" im Januar 1899 von Manila vorbei an der großen Insel Mindoro und dem kleine Eiland Boracay nach Iloilo auf der Insel Panay, um dort in Gefahr geratene Deutsche zu helfen. Vor Ort erweist sich jedoch, dass an der Geschichte nichts dran ist. Zurück in Manila wird von der Presse verbreitet, dass sich an Bord der „Irene" Waffen für die Filipinos befänden und sie sei von 100 US-Soldaten besetzt worden. Aber das entspricht nicht der Wahrheit. Dennoch befiehlt das deutsche Marinekommando, nun endgültig die deutschen Kriegsschiffe aus den Philippinen zurückzubeordern.

Boracay – Trauminsel und Alptraumflug

Die Philippinen – das war für mich zunächst einmal „meine" Insel Boracay. In den 90er Jahren, als ich die Insel ein paar Mal besuchte, erfüllte das nur zehn Quadratkilometer große und nordwestlich der Insel Panay gelegene Eiland noch alle Klischees einer Trauminsel. Die Zusammensetzung des Sandes am White Beach war offensichtlich so beschaffen, dass sich auch noch in der Mittagshitze die Sandkörner wie weicher kühler Samt um die Füße schmiegten, während der Sand auf dem mitternächtlichen Rückweg von den beiden Open Air Discos noch angenehm warm war. Die Sonne ging an der richtigen Stelle unter. Während man die Happy Hour in einem der provisorischen Strandcafes genoss, hatte man einen unfassbaren Blick auf die fast unverschämt kitschige Sonne, die dann in der Sulusee versank. Überall Livemusik am Strand, immer nur barfuß unterwegs, easy going. Dazu Palmen, weißer Strand, azurblaues Meer. Neben der zeitaufwändigen Überfahrt von Manila aus mit der Fähre gab es flugtechnisch zwei Möglichkeiten in dieses Paradies zu gelangen. Man konnte entweder nach Kalibo fliegen, einer Stadt mit einem etwas größeren Flughafen und dann noch einen Transfer von zwei Stunden mit einem Bus zum Anleger nach Boracay auf sich nehmen oder man hatte Glück und es gelang einem, mit einem kleineren Flugzeug nach Caticlan zu gelangen, von dort waren es nur wenige Minuten bis zum Anleger. Meistens war es immer wieder die gleiche Information, die man be-

kam, wenn man in Manila ankam und sich nach Anschlussflügen Richtung Boracay erkundigte: Alles ausgebucht, keine Chance. Aber wenn mir die Jahre in Asien etwas gelehrt haben, dann dies: Irgendetwas geht doch immer noch. Auch in der aussichtslosesten Situation gibt es eine Lösung, auch wenn es zunächst überhaupt nicht so aussieht. Und so gelang es mir immer wieder, doch noch auf meine Trauminsel zu kommen.

Unvergessen ist allerdings ein Rückflug von Boracay nach Manila. Zunächst lief an diesem Nachmittag alles nach Plan: Ich stapfte mit meinem Gepäck durch das klare und warme Wasser zu meinem kleinen Boot und wurde von dem Fischer zum Festland übergesetzt. Während der kurzen Überfahrt warf ich einen letzten Blick auf den weißen Strand und die Palmen Boracays, mit viel Wehmut und der Gewissheit, bald wieder hier zu sein. Kurz darauf kam ich am „Flughafen" in Caticlan an. Die „Abfertigungshalle" bestand aus einem etwas größeren Schuppen, ansonsten viel Wiese und rundherum Dschungel. Der Check-In ging zügig voran, alles klappte verdächtig reibungslos. Dann bewegte sich eine Gruppe westlicher Touristen, zumeist braungebrannte Backpacker, Pärchen oder Singles, auf Aufforderung in Richtung eines kleineren Flugzeuges. Es war das einzige, das weit und breit zu sehen war. Auch ich setzte mich in Bewegung, wurde dann aber aufgehalten: „No. Wait." Mein Gepäck stand auch immer noch einsam zusammen mit zwei mir nicht bekannten Rucksäcken in der strahlenden Nachmittagssonne vor dem Schuppen. Die Passagiere stiegen ein und kurze Zeit später setzte sich die Maschine –

ohne mich – in Bewegung. Was war los? Warum ließ man mich zurück? Meine Proteste halfen nichts, meine Fragen blieben unbeantwortet. Und dann bemerkte ich noch zwei weitere Passagiere, die offensichtlich auch nicht mitgekommen waren, ein junges westliches Pärchen, das etwas verschüchtert im Schatten einer Palme der Dinge harrte, die da kommen würden. Nun hätte ich mich ja eigentlich über jede Minute freuen können, die ich länger auf diesem Fleckchen Erde zubringen konnte, aber ich war ein wenig beunruhigt, weil ich meinen Anschlussflug nach Peking bekommen musste und dort am nächsten Tag um 7.55 Uhr in der Deutschen Schule wieder als ein topgelaunter und motivierter Lehrer Siever erwartet wurde. Ich hatte es mir nämlich zur Regel in diesen Jahren gemacht, keine Minute meiner Ferien zu verschenken. Die Deutsche Schule Peking lag auf halbem Weg zwischen der Innenstadt, in der sich auch meine Wohnung befand, und dem Capital Airport. Und so fuhr ich immer am letzten Schultag bereits recht früh mit Schultasche und Reisegepäck in die Schule, bugsierte mein Gepäck in die von mir geleitete Schulbibliothek, um dann sofort nach dem Klingeln in die Ferien Richtung Flughafen weiterzufahren. Damit entsprach ich wohl zumindest in diesem Punkt dem Klischee des Auslandslehrers ziemlich exakt. Auf dem Rückflug war mein Timing ähnlich, auch hier achtete ich darauf, dass ich frühestens am Nachmittag des Sonntags vor Schulbeginn wieder in Peking war, in Ausnahmefällen manchmal auch erst am frühen Montagmorgen. Auf dieses bewährte Timing hatte ich auch diesmal gesetzt, doch nun gab es offensichtlich Probleme. Das Personal am Flughafen Caticlan wirkte beruhigend auf mich ein: „No problem." Und während ich mich immer noch schwer daran gewöhnen musste, nun nach zwei Wochen Barfußlaufen wieder Schuhwerk zu tragen, setzte ich mich resigniert und mit einem Anflug von Apathie auf den Rasen und wartete einfach.

Plötzlich riss mich ein Motorengeräusch aus meiner Passivität. Ich traute meinen Augen nicht: Hinter dem Schuppen tauchte plötzlich eine kleine Cessna auf, die ich bisher gar nicht bemerkt hatte, eine sehr kleine Cessna. Aber die Hinweise verdichteten sich, dass es sich wohl um mein abendliches Transportmittel handeln sollte. Das einsame Gepäck wurde provisorisch in dem Fluggerät untergebracht und dann nahm das ebenfalls aus der Lethargie erwachte Pärchen auf den beiden einzigen Plätzen hinter den Sitzen des Piloten und Co-Piloten Platz. Für einen Moment sah es so aus, als sollte ich wieder nicht mitkommen, denn einen Platz gab es ja nun nicht mehr, aber dann kam der über beide Wangen strahlende Pilot, dessen Outfit sich von meiner saloppen Kleidung nur wenig unterschied, direkt auf mich zu, schlug mir lachend auf die Schulter und forderte mich mit überschwänglichen Gesten auf, neben ihm Platz zu nehmen. In diesem Moment war mir klar: Es gab keinen Co-Piloten. Mit einer Mischung aus Unglauben und Abenteuerlust nahm ich neben dem freundlichen Herrn Platz und schaute mich noch einmal kurz um, bevor es losgehen sollte: Hinter mir saß eine völlig verschreckte junge Frau und neben ihr der Freund, der ebenfalls etwas blass war, mich hilflos ansah und dann mit den Schultern zuckte. Was für ein Abenteuer! Innerlich jubilierte ich. Doch wenige Sekunden später gab es eine weitere Überraschung. Es wurde mir nämlich bewusst, dass es doch einen Co-Piloten gab. Erschreckt musste ich zur Kenntnis nehmen: Ich war es selbst. Es ist schwer zu glauben, noch heute kann ich es nicht fassen und doch ist es genauso gewesen: Der Pilot holte eine schon etwas abgegriffene Landkarte der Philippinen heraus, auf der ein gerader Strich von Caticlan nach Manila mit einem Bleistift gezogen worden war. Er platzierte diese Karte auf meinem Schoß und weihte mich dann in die Bedeutung einiger geheimnisvoller Knöpfe auf dem Armaturenbrett vor mir ein: „Do you understand?" Natürlich ja, alles klar, ist doch kein Problem... Das Ganze erinnerte mehr an einen Traum... der Start kam, hinter mir seufzte die junge Dame kurz auf, meine Knie zitterten etwas, aber schließlich flogen wir in weitem Bogen noch einmal über Boracay und dann offensichtlich immer entlang des Bleistiftstrichs Richtung Manila. Unterwegs wurde es noch einmal spannend, vor uns erschien eine riesige Gewitterwolke, die sich bedrohlich vor uns aufbaute. Sollte der Traum doch noch zu einem Alptraum werden? Der Pilot sah kurz in meine beunruhigt flackernden Augen, lachte dann lauf auf – „No problem!" – und riss dann das Steuer nach rechts rum und so umflogen wir – in Abweichung unserer Bleistiftlinie – dieses Wetterungeheuer ganz einfach. Das Abenteuer endete übrigens mit einem unvergesslichen

Anflug auf den Flughafen in Manila. Es sind Erlebnisse wie dieses, die meine Liebe zu Asien begründet haben. Erlebnisse, wie sie so in Europa nicht vorkommen könnten oder dürften.

Auf meinen Reisen in die Philippinen habe ich immer wieder viel erlebt. Etwa 100 Kilometer südöstlich von Manila habe ich die Schlucht mit dem Fluss Pagsanjan besucht, wo Einheimische die Besucher auf Einbäumen durch die reißenden Stromschellen ziehen und wo man sich bei den Magdapio Wasserfällen in die Fluten stürzen kann, es ist die Schlucht, in der die Schlusssequenzen des Films „Apokalypse now" spielen. Wenn man noch weiter Richtung Süden fährt, kommt man nach Batangas, von wo aus man mit der Fähre, die in der Regel von Delphinen eskortiert wird, nach Puerta Galera auf Oriental Mindoro übersetzen kann. Dort kann man am White Beach Sonne, Palmen und Strand erleben oder in dem schon damals recht teuren Coco Beach Resort Tropen pur genießen.

Mit einem philippinischen Fahrer und einem weiteren Begleiter ging es während einer anderen Reise von Manila aus Richtung Norden. Die Situation war damals recht gefährlich, weil wir auf unserem Weg nach Banaue auch Gebiete passierten, die von kommunistischen Rebellen kontrolliert wurden. Banaue ist ein kleiner Gebirgsort in den Zentral-Kordilleren im nördlichen Luzon und berühmt wegen der Reisterrassen, die als ältestes Bauwerk der Philippinen gelten und 2000 Jahre alt sind. Als wir am späten Nachmittag in Banaue ankamen, erlebte ich eine böse Überraschung. In dem 1500 Meter hoch gelegenen Ort war der sonst azurblaue Himmel von einem dunklen Grau verdeckt und es regnete in Strömen. Der Wetterbericht für den kommenden Tag war ebenfalls nicht gut. Aber ich wollte wieder einmal mit dem Kopf durch die Wand. Wenn ich mir etwas vornehme, habe ich ein Maß an Sturheit, das manch einen vielleicht verschreckt oder zumindest verständnislos den Kopf schütteln lässt. Relativ unbeeindruckt buchte ich also für den kommenden Morgen einen Jeep, um in die unmittelbare Nähe der Terrassen zu gelangen. Der neue Tag provozierte meine Dickköpfigkeit mit einer Wetterverschlechterung, neben dem immer noch andauernden Regen war nun auch noch dichter Nebel dazugekommen. Aber der bestellte Jeep war da und so ging es durch die graue Nässe los. Irgendwann hielt der Fahrer, machte eine Handbewegung in eine bestimmte Richtung – und verschwand. Leicht verunsichert stand ich da. Um mich herum Nässe, Nässe von oben, Nässe von unten. Die hohen Gräser und das Farnkraut, ebenfalls von Wasser benetzt, schlugen mir ins Gesicht, als ich mich langsam aufmachte und lostrottete. Ein scheinbar sinnloses Unterfangen, aber sollten die zehn Stunden Fahrt umsonst gewesen sein? Langsam kam ich voran, in Gedanken versunken, die Beine bewegten sich mit einem gewissen Automatismus, an den Füßen fing ich an zu frieren, offensichtlich war mein Schuhwerk auf solche Wetterverhältnisse nicht eingestellt. Das Zeitgefühl hatte ich verloren,

Stunden schienen zu vergehen. Und dann bemerkte ich plötzlich eine Veränderung, es hatte aufgehört zu regnen und irgendwie hatte ich den Eindruck, dass es heller wurde. Es dauerte dann nur noch wenige Minuten, bis ich sogar blaue Lücken in der Wolkendecke feststellte und dann ereignete sich ein Naturschauspiel, das sich unvergesslich in meiner Erinnerung eingebrannt hat: Als hätte jemand den grauen Vorhang beiseite gezogen, sah ich von einem Augenblick zum anderen plötzlich die Reisterrassen vor mir, von der Sonne angestrahlt – in üppigem Grün. Die Reisterrassen von Banaue, ein Anblick von unbeschreiblicher Schönheit, der durch das Grau der letzten Stunden und den Moment der Überraschung nun ganz besonders eindringlich wirkte, lagen direkt vor mir!

Die Reisterrassen von Banaue oder die Insel Boracay sind ganz besondere Naturschönheiten auf den Philippinen. Aber neben Boracay gibt es weitere Trauminseln in Südostasien. Nach meiner Meinung gehören neben Bali in Indonesien Ko Phi Phi in Thailand und Pulau Tioman oder Pulau Kapas in Malaysia auch in diese Reihe. Auch auf der Westseite Malaysias liegen Inseln von großer Schönheit. Da gibt es einmal die Insel Penang, auf der sich zwar mit Georgetown die zweitgrößte Stadt Malaysias befindet, auf der man aber unberührte Natur ebenso erleben kann wie Schmetterlingsfarmen und Schlangentempel. Mittlerweile hat sich Penang zudem zum „Silicon Valley Asiens" entwickelt. Bei meinen Besu-

chen hat mich auch dieses Eiland, das durch die mit 13,5 Kilometer längste Brücke Südostasiens mit dem Festland verbunden ist, gerade wegen seiner Gegensätze immer wieder fasziniert. Von den nördlichen Stränden der Insel aus kann man in Richtung Langkawi blicken, einer Inselgruppe, die ich leider nie besucht habe, von der aber damals wie heute Menschen immer schon geschwärmt haben.

Langkawi - Ein tropisches Paradies als deutscher Marinestützpunkt?

„Am Ausgang der Straße von Malakka in den Indischen Ozean liegt der Langkawi-Archipel. Schroffe Bergkämme und waldbedeckte Hügel, weite Reisfelder und zahlreiche Meeresbuchten mit herrlichen Sandstränden werden überragt vom fast 900 Meter hohen Gunung Raya. Um die Hauptinsel Pulau Langkawi gruppieren sich über 100 weitere Inseln von paradiesischer Schönheit, fast alle unbewohnt. Durch die Lage im Regenschatten Sumatras fällt selbst die Regenzeit (Okt./Nov., April, Juni) vergleichsweise schwach aus. [...] Die kilometerlangen palmengesäumten Sandstrände Pantai Cenang und Pantai Tengah im Südwesten der Insel, nur durch ein kleines Felskap voneinander getrennt, bieten ideale Bademöglichkeiten, eine gelassene Atmosphäre und allabendlich einen herrlichen Sonnenuntergang. Große Ressorthotels und einfache Chaletanlagen reihen sich aneinander. Dazwischen offerieren Restaurants, Cafés, Souvenirshops, Tauchschulen, Reisebüros und Mopedverleiher ihre Dienste."

Soweit ein Auszug aus einer aktuellen Beschreibung der Insel Langkawi als heutiges Touristenziel. Bereits vor mehr als 100 Jahren hat die Insel eine große Anziehungskraft ausgeübt. Auch die schroffen Bergkämme, die waldbedeckten Hügel, die Reisfelder und Meeresbuchten finden Erwähnung. Nur die idealen Bademöglichkeiten und die kilometerlangen Sandstrände, an die mag keiner einen Gedanken verschwenden. Auch der allabendliche herrliche Sonnenuntergang ist ohne Bedeutung. Von einer gelassenen Atmosphäre kann hingegen überhaupt keine Rede sein. Ganz im Gegenteil, als die „Geheimoperation Langkawi" ruchbar wird, herrscht Alarmstimmung in London, Berlin, Singapur und Bangkok.

Berlin, 11. Oktober 1897. Ein Kriegsschiff soll unauffällig die Gegend erkunden. Wegen der Brisanz der Angelegenheit ist eine unbedingte Geheimhaltung erforderlich, so die Worte des Staatssekretärs im Auswärtigen Amt, Bernhard von Bülow, an sein Pendant im Reichsmarineamt, Alfred Tirpitz. Die Rede ist hier von der bis dahin völlig unbedeutenden Inselgruppe Langkawi am Ausgang der Straße von Malakka in den Indischen Ozean. Ihre geo-strategische Lage hat das Interesse der Mächtigen in Berlin geweckt.

Das Deutsche Reich ist weiterhin fieberhaft auf der Suche nach Kolonien, Kohlestationen oder Marinestützpunkten. Ein erster Schritt in Asien ist mit der Besetzung von Kiautschou Anfang November 1897 getan worden. Jetzt gilt es, weitere folgen zu lassen. Und die Gelegenheit ist günstig. Alle Welt, so will es scheinen, schaut gebannt auf China, das Riesenreich der Mitte, das zu zerfallen beginnt. Jeder will ein Stück des Kuchens abbekommen. Wer wird sich da schon um das weitgehend unbekannte Langkawi, irgendwo zwischen Sumatra und der malaiischen Halbinsel gelegen, kümmern?

Anstoß zu dieser Unternehmung gibt Eduard Lorenz-Meyer, einziger Sohn des einflussreichen Hamburger Kaufmanns Arnold Otto Meyer, der mit der Firma Behn, Meyer & Co., Standort Singapur, über eine mächtige Firma in Südostasien verfügt. Bei einem Besuch des Sultanats Kedah sei er angesprochen worden, dass es Siam, das die Souveränität über Kedah ausübt, gerne sehen würde, wenn Deutschland an der Westküste der malaiischen Halbinsel eine Kolonie anlegen würde. Im Glauben, dass Deutschland nach Kohlestationen in Ostasien suche, habe Eduard Lorenz-Meyer die Idee aufgegriffen und berichte nun Admiral Tirpitz davon. Als möglichen Vermittler könne er Eugen Engler, Leiter der Behn, Meyer & Co. Niederlassung in Penang empfehlen, der sehr gut malaiisch spreche und die Herren von Kedah gut kenne.

Knapp einen Monat später, am 20. August 1898, muss Lorenz-Meyer gegenüber Tirpitz eingestehen, dass Engler in der Langkawi-Angelegenheit seinen Mund nicht hat halten können und gegenüber dem siamesischen Konsul in Penang über die Sache gesprochen habe. Fortan könne man nicht mehr von absoluter Geheimhaltung ausgehen und man müsse die Angelegenheit gegebenenfalls beschleunigen.

Umfassendere Informationen über die Initiative liegen uns nicht vor und wir können nicht unbedingt davon ausgehen, dass es so gewesen ist. Man kann sich auch vorstellen, dass die Idee von Lorenz-Meyer und damit Behn, Meyer & Co. stammte. Im Falle der Anlage einer Kohlestation oder gar eines Marinestützpunktes durch die Reichsmarine würde die Firma davon profitieren. Sie könnte das Hinterland erschließen und Handel treiben, ohne auf die von den Briten kontrollierte Insel Penang angewiesen zu sein. Zugleich würden Regierungsgelder nach Langkawi fließen und auch Behn, Meyer & Co. würde von der direkten Anwesenheit des Deutschen Reiches als Schutzmacht profitieren.

Wie auch immer es tatsächlich gewesen ist, Tatsache ist, dass nun die Angelegenheit in Berlin ins Rollen kommt. Bülow erklärt gegenüber Tirpitz, dass das Auswärtige Amt nicht abgeneigt sei, sich der Sache anzunehmen, wenn die Marine dies wünsche. Jedoch sei „unbedingte Geheimhaltung" erforderlich. Daraufhin befiehlt Tirpitz den Kommandierenden Admiral Eduard von Knorr, dass S.M.S. „Iltis" bei einem Besuch von Penang in unauffälliger Weise die Inselgruppe Langkawi erkunden solle. Sollte aus Geheimhaltungsgründen das Kanonenboot nicht dorthin fahren können, dann sollten sein Kommandant oder ein Offizier, natürlich inkognito, wie es in dem Dokument heißt, nach Langkawi reisen, um zu erkunden, ob die Insel für die Anlage einer Kohlestation geeignet sei.

So kommt es, dass Korvettenkapitän Wilhelm Lans die geheime Order erhält, Langkawi zu erkunden. Unter dem Vorwand von Schießübungen gelingt es ihm, sein Schiff unverdächtig aus dem Hafen von Penang hinauszubringen. Also dampft das Kanonenboot „Iltis" in geheimer Mission los. Es ist die erste wirkliche Bewährungsprobe für das erst im vorigen Jahr vom Stapel gelaufene Schiff. Das extra für den Überseedienst in den deutschen Kolonien konzipierte Boot von 900 Tonnen Wasserverdrängung ist 62 Meter lang und 9,1 Meter breit und verfügt über vier 88 mm Schnellfeuerkanonen. Seine neun Offiziere und 121 Mann Besatzung fiebern ihrem Auftrag entgegen.

60 Seemeilen nordwestlich von Penang erreicht die „Iltis" schließlich Langkawi und erkundet die Gegend. Von besonderer Bedeutung ist dabei, dass sie einen großen natürlichen Hafen mit genügendem Tiefgang für Schiffe jeder Größe, der gegen alle Winde geschützt ist, besitzt. Durch die hohen Berge sind die Schiffe zudem gegen jede Sicht von See geschützt. Deshalb kommt Lans in seinem ganz geheimen Bericht vom 6. Mai 1899 zu dem Schluss, dass sich die Langkawi-Gruppe „ganz hervorragend" für eine Kohlestation eigne. Die geografische Lage besteche durch die gute Lage auf dem Weg nach Ostasien. Darüber hinaus sieht Lans ihre Bedeutung für das Deutsche Reich nicht nur als Kohlestation,

sondern auch als einen zukünftigen bedeutenden Handelsplatz. Damit schließt er sich der Meinung von Behn, Meyer & Co. an.

Lans beschreibt Langkawi als außerordentlich fruchtbar, die Berge sind dicht mit Nutzhölzern bestanden, Wasser gibt es im Überfluss, Kokosnüsse, Zucker und Reis könnten angebaut werden. Daneben wird Marmor und viel Zinn gefunden, die aber augenblicklich noch nicht ausgebeutet werden. Auf der Insel leben fast 1300 Menschen, meist Malaien, aber auch Chinesen. Er charakterisiert sie als „freundlich und zutraulich". Sie leben hauptsächlich vom Fischfang „und dem, was ihnen ohne große Mühe in den Mund wächst". Alles in allem kann man Langkawi mit Penang vergleichen. Auch das Klima wird als gesund bezeichnet. Die hohen Berge bieten dem erholungsbedürftigen Europäer einen kühlen und angenehmen Aufenthaltsort. Dabei denkt Lans natürlich nicht an Touristen, sondern vornehmlich an ansässige Kaufleute, denen die tropische Hitze zu schaffen macht und die sich ab und zu in die „hill stations" zurückziehen, um sich zu regenerieren.

Jetzt kommt Lans zum politischen Aspekt. Die Inselgruppe gehört dem Sultan von Kedah, der zwar offiziell vom König von Siam abhängig ist, aber doch recht autonom agiert. So glaubt er, dass der Sultan bereit sei, die Gruppe für einen nicht allzu hohen Preis zu verkaufen oder für eine geringe Summe zu verpachten. Wie man hört, befinde sich der Sultan in Geldschwierigkeiten, sodass ein Erwerb durchaus möglich sei.

Nachdem die Mission der Erkundung von Langkawi beendet ist, dampft die „Iltis" anschließend nach Singapur, wo sie schon ungeduldig von Deutschen erwartet wird. Besonders die Vertreter von Behn, Meyer & Co. wollen unbedingt in Erfahrung bringen, was Lans von der Langkawi-Gruppe hält. Um vorzeitige Grundstücksspekulationen vorzubeugen, erklärt Lans entschieden, hier ganz Diplomat, dass er den Inseln keinen besonderen Wert beimesse und dass er in diesem Sinne auch offiziell berichtet habe. Einige Wochen später ergänzt Lans seinen Bericht, denn er hat von Gewährsleuten erfahren, dass das Interesse der Briten an der Inselgruppe im Wachsen begriffen sein soll. Sollte das Deutsche Reich ein Interesse an Langkawi haben, so Lans, dann sei ein baldiges Einschreiten erforderlich. Nun ist es also wieder an Berlin zu handeln.

In Berlin wiederum hat sich mittlerweile eine neue Konstellation entwickelt. Der Patriarch von Behn, Meyer & Co., der alte Arnold Otto Meyer, hat sich von Hamburg aus eingeschaltet. Und mit ihm ein weiterer, aufstrebender kolonialenthusiastischer Industrieller: Angus Sholto Douglas. Er ist der Neffe des überaus einflussreichen Kali-Industriellen Hugo Sholto Graf von Douglas. Mit Kali- und Steinsalzbergwerken ist es Graf Douglas innerhalb weniger Jahre gelungen ein Vermögen anzuhäufen. Dann beginnt er sich auch politisch zu engagieren und wird freikonservatives Mitglied im Preußischen Abgeordnetenhaus. Seit 1888 darf er sich mit dem Grafentitel schmücken, erwirbt das Schloss Ralswiek auf der Insel Rügen und wird wichtiger Berater des Kaisers in sozialpolitischen Fragen.

Sein Neffe Angus Sholto Douglas nun beschließt, ganz im Sinne der damaligen Zeit, sich in Kolonialfragen zu engagieren. Er wird nicht nur Mitglied des Kolonialrates, sondern er beteiligt sich darüber hinaus noch finanziell an zahlreichen Kolonialunternehmen. Doch er will weiter hinaus. Da kommt der Erwerb von Kiautschou sehr gelegen. Hier beabsichtigt er, ein Syndikat zur Ausbeutung der Kohlelager zu gründen. Über Arnold Otto Meyer erfährt er auch von der Langkawi-Angelegenheit. Nun gilt es, Kontakte zu den ganz Großen und Mächtigen im Reich herzustellen. In einem Brief an Tirpitz vom 2. Februar 1899 lässt er seinen militärischen Hintergrund nicht unerwähnt. Von 1881 bis 1888 gehörte er als aktiver Offizier dem Großherzoglich Hessischen Leib-Dragoner-Regiment No. 24 an, avancierte zum Reserveoffizier des Kürassier-Regiments Kaiser Nikolaus I. von Russland (Brandenburgisches) No. 6 und hofft im März zum Rittmeister ernannt zu werden.

Bei seinen kolonialpolitischen und kolonialwirtschaftlichen Tätigkeiten ist ihm immer häufiger aufgefallen, wie wichtig doch maritime Kenntnisse seien. Diese Lücke möchte er gerne schließen und erbittet den Rat von Tirpitz, wie er sich in maritimer Hinsicht möglichst vielseitig und in offizieller Weise orientieren könne. Könnte er als Reserveoffizier nicht mit einem dienstlichen Auftrag in die Marinestadt Kiel entsendet werden? Auch vergisst er zum Abschluss seines Briefes nicht zu erwähnen, dass er in der Bucht von Wismar beabsichtige, eine Werft zu errichten, um die Leistungsfähigkeit des einheimischen Schiffbaus zu fördern. Sehr geschickt eingefädelt. Damit bringt er sich bei Tirpitz ins Spiel. Dieser empfängt ihn zu einer Unterredung und empfiehlt ihn sogar dem Staatssekretär im Auswärtigen Amt, von Bülow. Damit kann Sholto Douglas endlich auf der ganz großen Bühne mitspielen.

Enthusiastisch berichtet Sholto Douglas von seinem Plan, eine private Deutsche Übersee-Gesellschaft mit bis zu 100 Millionen Mark Kapital zu gründen, die dem Deutschen Reich bei kolonialen Erwerbungen behilflich sein soll. Um die wahren Absichten zu verschleiern, wolle man in unauffälliger Weise vorgehen und Aktionen nicht unter dem Gesellschaftsnamen, sondern durch verschiedene Privatleute und auch vom Ausland aus über Strohmänner durchführen. Man wolle Erwerbungen für die Vergrößerung der Macht- und Interessensphäre Deutschlands möglichst diskret, von langer Hand vorbereitet und auf eigenes Risiko ausführen. Das Aktionsfeld soll dabei die ganze Welt von Südamerika über Afrika bis Asien sein.

Sholto Douglas Ausführungen treffen exakt den Nerv Bülows. Natürlich will auch Bülow die deutsche Position zur Weltmachtstellung ausbauen. Tirpitz liegt im in den Ohren, dass der Erwerb der Inselgruppe vom Standpunkt der Marine aus äußerst wünschenswert sei. Nur muss Bülow auf mögliche politische Verwicklungen Rücksicht nehmen. Im konkreten Fall von Langkawi sind das die englischen Interessen auf der malaiischen Halbinsel. Auch wenn der Kaiser immer wieder vollmundig mit der deutschen Macht prahlt, ist letztendlich den Entscheidungsträgern klar, dass man es sich (noch) nicht leisten kann, das Britische Empire offen herauszufordern. Also kommt Sholto Douglas sehr gelegen. Langkawi wird zur Nagelprobe für den Douglasschen Plan, als Strohmann für deutsche koloniale Interessen aufzutreten.

Sholto Douglas ergreift die Initiative. Er fragt bei Bülow und Tirpitz an, ob es gegen die Aufnahme von Verhandlungen mit dem Sultan von Kedah politische Bedenken gebe. Beide billigen und befürworten Douglas Idee. Bülow sichert volle Unterstützung zu. Auch der neue deutsche Ministerresident am Hofe des siamesischen Königs in Bangkok, Conrad von Saldern, rät zur Aktion. Noch beeindruckt von dem Handstreich gegen Kiautschou entwirft er einen Aktionsplan. Für Verhandlungen hat der forsche Saldern nicht viel übrig. Energisches Auftreten sei vielmehr gefordert. Man müsse ein Fait accompli schaffen. Sobald die kaiserlichen Kriegsschiffe an Penang vorbeifahren, um Langkawi gewaltsam zu besetzen, müsse ihm telegrafisch der Befehl zugehen mit allen Vollmachten ausgestattet zum König von Siam zu gehen und ihn zur Unterzeichnung des Vertrages über Langkawi zu bewegen. Unterschreibe er, dann sei die Sache vorläufig erledigt. Wenn nicht, dann könne man immer noch offiziell sagen, dass sich die Kriegsschiffe nur zu Übungszwecken vor Langkawi aufgehalten haben.
Bülow und Tirpitz aber setzen auf Sholto Douglas. Und tatsächlich, dieser hat Erfolg. Freudestrahlend informiert er das Auswärtige Amt, seine

Agenten vor Ort – es handelt sich hier um die Firma Behn, Meyer & Co. – hätten mit dem Sultan von Kedah einen Vertrag abgeschlossen, der Douglas eine Monopolkonzession für die ganze Inselgruppe einräume. Er könne nun u. a. Hafen- und Kaianlagen bauen und auch die Waldungen und Minen nutzen. Nur der König von Siam müsse noch unterschreiben.

Da die Angelegenheit mittlerweile soweit fortgeschritten ist, informiert Bülow seinen Kaiser darüber. Auch Wilhelm billigt das Vorgehen von Sholto Douglas. Alles läuft nach Plan. Doch dann ereilen schlechte Nachrichten die Akteure in Deutschland. Arnold Otto Meyer erhält in einem Privatbrief von der Zweigstelle von Behn, Meyer & Co. in Penang die Nachricht, dass der König von Siam seine Zustimmung zum Vertrag verweigere. Sholto Douglas gibt nicht auf. Er will mit 50000 Mark Bestechungsgelder den Sultan dazu bringen, den Vertrag auch ohne die Zustimmung aus Bangkok für gültig zu erklären. Noch ist die Sache nicht verloren.

Zu allem Unglück gelangt um die Jahreswende 1899/1900 der deutsche Plan, Langkawi zu erwerben auch noch an die Öffentlichkeit und schreckt die Engländer auf, die ihre vitalen Interessen auf der Halbinsel in Gefahr wähnen. Unter britischem Druck erklärt der König von Siam öffentlich, dass er nie daran gedacht habe und nie daran denken werde, einen solchen Vertrag zu unterschreiben. Doch in Hamburg und Berlin will man noch nicht aufgeben. Man entsendet Eugen Engler, der dem siamesischen Außenminister vorträgt, er wolle als Privatmann eine Minenkonzession auf Langkawi erwerben. Doch er wird schroff abgewiesen, denn es wird schnell klar, dass Engler nur als Strohmann für Behn, Meyer & Co., hinter denen wiederum deutsche Interessen stehen, agiert. Auch die Engländer wissen, ihren Einfluss in Bangkok wirksam geltend zu machen.

Im fernen Hamburg reißt Arnold Otto Meyer jetzt der Geduldsfaden. Es müsse Schluss damit sein, sich von halbwilden Völkerschaften auf der Nase herumtrampeln zu lassen. Der Sultan solle mit Geld entschädigt und die ganze Angelegenheit müsse nach außen hin als Kauf dargestellt werden. Wenn die Deutschen noch etwas erreichen wollen, dann dürfen sie nicht länger zögern. Es sei nun höchste Zeit. Man solle den Panzerkreuzer „Fürst Bismarck" entsenden, 50 Mann Besatzung anlanden und die Flaggenhissung auf Langkawi vornehmen.

Das geht dem Auswärtigen Amt dann aber doch zu weit. Wegen unabsehbaren Konsequenzen für die Beziehungen zu Großbritannien ist man nicht bereit, in dieser Angelegenheit diplomatischen Druck auf Siam auszuüben. Zwar beabsichtigt man die Langkawi-Geschichte weiterhin im Auge behalten, doch will man sie erst weiter verfolgen, wenn sich eine neue, aber gefahrlose Gelegenheit ergibt. Für Sholto Douglas ist damit die Sache beendet. Enttäuscht tritt er als Geschäftsführer der Übersee-Gesellschaft im März 1901 zurück. Nur wenig später geht die Gesellschaft endgültig in Liquidation. Damit ist Sholto Douglas Traum, auf der ganzen Welt die Fäden für deutsche Kolonialinteressen zu ziehen, nach nur kurzer Zeit ausgeträumt. Langkawi ist dabei die Nagelprobe gewesen: Nicht bestanden!

Arnold Otto Meyer bleibt also nun nichts Anderes übrig, als weiterhin auf sein Prunkstück, das bedeutendste deutsche Handelshaus in ganz Südostasien, Behn, Meyer & Co. zu setzen. Es könnte Schlimmeres geben.

Singapura – Die Löwenstadt

„Sehr geehrter Herr Siever, der Vorstand der Deutschen Schule Singapur hat auf seiner gestrigen Vorstandssitzung beschlossen, Ihnen zum 1.8.1998 ein Vertragsangebot übr - wie hier üblich - zunächst zwei Jahre zu machen. Die Vertragsunterlagen senden wir Ihnen in Kürze zu. Für Rückfragen stehen wir Ihnen selbstverständlich gern zur Verfügung. Mit freundlichen Grüßen, Norbert Pinno, Verwaltungsleiter."

Sonntag, 25. Januar 1998. Fassungslos starre ich auf den Screen meines Laptops. Ich bin noch gar nicht richtig wach, eigentlich hat dieser Tag auch noch gar nicht so richtig begonnen. Es wird wieder einer jener eiskalten trockenen Tage werden, wie sie in Peking im Winter üblich sind. Ich bin noch schlaftrunken, gestern Abend ist es spät geworden. Den Laptop habe ich nur geöffnet, um die Bundesligaergebnisse des Vortages abzurufen, dann ein weiterer, eher zufälliger Klick auf die Inbox meiner E-Mails. Und dann poppt diese Nachricht auf... eine Nachricht, die einen erneuten Einschnitt in mein Leben bedeutet. Ich hatte eigentlich mit einem Anruf des Schulleiters am Montag gerechnet und nun hat mir der Verwaltungsleiter bereits jetzt diese folgenreiche Nachricht zukommen lassen. Als ich meiner schwangeren Ehefrau Liu Yun die freudige Meldung überbringe, schreit sie vor Glück auf, eine solch enthusiastische Gefühlsregung habe ich bei ihr selten erlebt. Im Frühling wird also unser Kind zur Welt kommen und ab dem Sommer werden wir als junge Familie in meiner Traumstadt Singapur leben! Ich blicke nach draußen auf die Chang-an, die Ost-West-Achse, die an unserer Wohnung vorüberführt, das Leben scheint eingefroren, nur wenige Menschen – zumeist in den dicken Armeemänteln eingehüllt und mit einer Pelzmütze auf dem Kopf – ziehen vorbei, die Stadt erwacht erst langsam an diesem Sonntagmorgen. Grau dominiert. Wie anders wird das tropische Ambiente sein! Grün, farbenfroh, schwülheiß. Ich mag die Dynamik und das Flair Pekings, aber diese langen kalten Winter in den oft überheizten Räumen, der Kohlestaub in der Luft und am Morgen auf dem Auto und damit natürlich auch in der Lunge, davor wollen wir mit unserem Neugeborenen dann in die Tropen entkommen. Warum Singapur? In einem Brief an meine Eltern vom Februar 1998, der von der Vorfreude auf das Kommende geprägt ist, schrieb ich damals: „...Es war immer mein Traum, nach Singapur zu gehen, und nach mehreren erfolglosen

Versuchen hat es nun geklappt. Singapur hat sicher auch einige Nachteile, aber die Vorteile sind doch bei weitem gewichtiger:
- *Singapur ist sehr sicher mit einer extrem niedrigen Kriminalitätsrate.*
- *Es hat ein vorbildlich ausgebautes Gesundheitssystem auf hohem Standard.*
- *Es ist jeden Tag 30 Grad warm. (schwülheiß mit häufigem tropischen Regen - wir beiden lieben das!)*
- *Singapur liegt am Meer.*
- *Traumstrände und -inseln sind nur einen Katzensprung entfernt.*
- *Gloria und ich lieben Seafood, Singapur erfüllt hier jeden Wunsch...*
- *Singapur hat viele tropische Parks, eine „Gartenstadt", mit Dschungel im Stadtgebiet.*
- *Die Bewohner sind zu fast 80% Chinesen, die restlichen 20% bilden ein buntes Völkergemisch (Malaien, Inder, Indonesier, „Westler"), Mischehen sind sehr häufig, fast der „Normalfall".*
- *Wie auch immer unser neues Zuhause aussehen wird, für die 3750 Singapur Dollar, die der Schulverein monatlich für die Miete zur Verfügung stellt, soll man angeblich sehr schöne Wohnungen bekommen.*
- *Sehr gute Einkaufsmöglichkeiten, Cafes, vor allem entlang der berühmten Orchard Road.*

Das alles klingt fast zu schön, um wahr zu sein..."

In den Tagen, in denen dieser Brief entsteht, wird in Peking das Früh-

lingsfest gefeiert, es beginnt des „Jahr des Tigers". Nur wenige Wochen später kommt meine Tochter Svenja zur Welt, unter dramatischen Umständen, von denen bereits die Rede war. Und im Sommer geht es dann mit unserem Tigermädchen in die „Löwenstadt", die hundert Jahre zuvor eigentlich den Namen „Stadt der Tiger" verdient gehabt hätte.

Singapur, um 1900. In dem feuchtheißen Inneren Singapurs bewegen sich die Raubkatzen durch den dichten, nahezu undurchdringlichen immergrünen Regenwald. Die Meerenge zwischen der malaiischen Halbinsel und der Insel Singapur ist kein wirkliches Hindernis für die Tiger. Instinktsicher durchschwimmen sie das Wasser und gelangen ohne Probleme durch die Mangrovensümpfe wieder an Land und verschwinden in dem dichten Dschungel. Immer noch töten Tiger im Durchschnitt einen Einwohner pro Tag; unersättliche Ameisen fressen sich innerhalb einer Woche durch eine ansehnliche Hausbibliothek; Schimmelpilze färben Kleidungsstücke in zwei Tagen grün; eine sengende, nie endende Hitze treibt die Europäer mit ihren dicken, ungesunden und juckenden Kleidung an den Rand des Wahnsinns.

Auch benötigt man eine robuste Gesundheit, um das tropische Klima mit der brütenden Hitze und den wolkenbruchartigen Regenfällen ertragen zu können. Malaria- und Pockenepidemien suchen die Insel immer wieder heim. Es fehlen sanitäre Einrichtungen und in den Rinnsteinen der

Straßen fließt ein stinkender Fäkalienstrom in den Singapur River und in das Meer.

Im Innern der Insel um den höchsten Punkt Bukit Timah (Zinnberg, etwas über 500 Fuß hoch) herum gibt es um die Jahrhundertwende noch Reste des einst riesigen Urwalds. Oben auf dem Gipfel steht ein Regierungsrasthaus mit einem Aussichtsturm. Von dort hat man einen herrlichen Rundblick über die ganze Insel bis hinüber nach Johore, dem südlichsten Sultanat der malaiischen Halbinsel. Besucher sind immer wieder von den prachtvollen Baumgruppen mit dem sie umstrickenden Lianengewirre fasziniert. Das laute Zirpen der Zikaden übertönt jedes andere Geräusch, bis plötzlich brechende Äste dem Besucher verraten, das eine Affenhorde in wilder Flucht vor einem Raubtier durch die Wipfel rast. Der Besucher hebt seine Flinte empor und schießt auf einen dunklen Schatten. Eine Wildkatze, ein Tiger. Jedoch ist im Dickicht des Dschungels kein Tier aufzufinden. Das durch die Blätterfülle gedämpfte Licht erschwert das Suchen, es braucht geraume Zeit, bis sich die Augen daran gewöhnen. Trotzdem nichts. Kein Luftzug mildert die wahre Treibhausschwüle und nach zwei Stunden entschließt sich der Besucher seinen Aufenthalt am Bukit Timah zu beenden.

Zurück geht es. Die Strecke vom Bukit Timah bis in die Stadt Singapur führt vorbei an der Fruchtgartenstraße (Orchard Road), wo erfrischende Rambutan gezogen werden, die mit ihrer roten, dornigen Schale Edelkastanien ähneln. Daneben sind in großer Menge Ananaspflanzungen vorhanden. Dazwischen trifft man Tamilendörfer und Landsitze chinesischer Millionäre.

Es gibt also viele Gründe, nicht in Singapur, dessen Name in Sanskrit „Löwenstadt" bedeutet, zu siedeln. Dennoch leben und arbeiten sie hier, die zahlreichen Kaufleute und Händler. Sie bewegen sich vornehmlich in der Hafengegend und atmen den charakteristischen Geruch dieser pulsierenden, aufregenden und reichen Metropole ein. Es ist der Geruch des Singapur Rivers und der Tropen, die man als ein Gemisch von Abwässern, Sümpfen, Trockenfisch und aromatischen Gewürzen, die mit dem Schiff aus Bali, Java oder Celebes kommen, wahrnimmt. Zunächst hält man sich oft angewidert die Nase zu, doch wenn man sich erst einmal daran gewöhnt hat, dann ist der Geruch nicht länger unangenehm und man vergisst ihn nie.

Ein kaum zu entwirrendes Völkergemisch aus Chinesen, Indern, Malaien, Eurasiern und einer Handvoll Europäer nimmt diesen Geruch wahr und geht gleichzeitig emsig seinen unterschiedlichen Geschäften nach. So auch heute an einem dieser fast unerträglich schwülen und heißen Morgen im Mai des Jahres 1902, als unser Kaufmann Adolf Schönberg, Angestellter der Firma Behn, Meyer & Co., sich mit einer Rikscha zu seinem Büro am Finlayson Green fahren lässt.

Pünktlich um fünf Uhr morgens mit dem Böllerschuss einer schweren Kanone vom Fort Canning, dem militärischen Hauptquartier der Stadt der Kronkolonie, beginnt der Tag. Die Mitarbeiter der Firma wohnen gemeinsam in einem schön gelegenen großen Haus hinter der St. Andrew´s Cathedral, das durch Erwerb des Nebengrundstücks sowie durch Um- und Ausbauten ein prächtiger, viel beneideter Wohnsitz ist.

1906 wird man den Wohnsitz in einen herrlichen Kolonialbungalow in 53 Grange Road verlegen, das den Namen „Spring Grove" tragen wird. Es sollte zum glänzenden Treffpunkt der Deutschen in Singapur werden. Jeden Mittwochnachmittag strömten sie mit Pferdewagen oder Rikschas dorthin, um sich mit Tennis, Billard oder anderen Spielen zu vergnügen oder am reichlich gedeckten Tisch auf dem großzügig angelegten Rasen zu plaudern.

Vor dem Frühstück wird in einem malaiischen Bad mit geziegeltem Fußboden, einem Holzrost und einem großen Wasserbottich, aus dem man mit einem Schöpflöffel aus Messing das Wasser über den Körper gießt, geduscht. Danach das Frühstück: Fisch in Currysauce und Reis, teilweise auch Eier und ein Krug Bier, manchmal Rotwein.

Adolf ist voller Stolz auf seinen Arbeitsplatz. Das zweistöckige, weiße Kontorhaus wird umrahmt von den Flaggen dreier deutscher Reedereien und der im Wind wehenden kaiserlichen Konsulatsflagge. Rikscha auf Rikscha setzen an diesem frühen Morgen ihren Fahrgast ab. Dazwischen strömen chinesische Kulis beladen mit schimmernden Zinnbarren aus dem Zinn-Godown [Lagerhaus] und traben mit ihrer Last zu den am Collyer Quai vertäuten Leichtern, während am benachbarten Getränke-Godown an der Sousa Street Ochsenkarren voller Schlüssel-Bier, Beehive Brandy und House of Lord Whisky beladen werden.

Die einzige Ware, die nie in diesen Godowns lagert, ist Kautschuk. Der Latex stinkt so erbärmlich, dass man ihn in Lagerhäusern am Ufer des lehmigen, schmutzigen Kallang Flusses in der Nähe des Dorfes Geylang vier Kilometer östlich der Stadt aufbewahrt. Der Kallang ist ein kleiner Fluss, nicht annähernd so breit wie der Singapur River, doch tief genug für Leichter.

So bienenschwarmartig es draußen zugeht, so ist es auch innerhalb des Kontorhauses. In seinen hohen mit mächtigen Punkaschwung (die Punka ist ein über Seile durch Menschenhand betriebener Fächer) recht kühl gehaltenen Räumen arbeiten eifrig Europäer und Asiaten aller Rassen, die ein- und ausgehen. Im Erdgeschoss befindet sich die Abteilung Küstenschifffahrt und Plantagenverwaltung. Hinter Teakholz-Schranken stehen die chinesischen Schreiber und der chinesische Kassierer an ihren Schaltern. In der Mitte der Halle führt eine breite Treppe ins obere Stockwerk. In der Halle selber geht es bunt zu. Chinesen, Malaien, Klings, Chetties (bei den beiden letzteren handelt es sich um Inder; die Chetties gehören der Kaste der Geldverleiher an) buchen und bezahlen Frachten, warten auf Shipping Orders oder Frachtbriefe oder sind in sonstige Geschäfte vertieft. Alles schwatzt, raucht, spuckt und mitten drin unser Kaufmann und die anderen Europäer.

Jeder Europäer, sei er noch so jung und neu in Singapur, beaufsichtigt eine Reihe von chinesischen Schreibern. Mit Zopf, sorgfältig rasiertem Vorderschädel, in ihrer typischen Tracht mit weißer Jacke, weiter schwarzer Hose und Filzschuhen gehen sie ihrer Arbeit nach. Darunter befinden sich würdige Herren, wie der pockennarbige alte Swee Keat, sein Bruder Swee Leong mit seiner großen Hornbrille, der einäugige Hauptkassierer Chye Seng, der Oberbuchhalter Keng Chuan oder der Lagerverwalter Tong Watt. Sie alle sind treue und langjährige Mitarbeiter, doch müssen sie sehr genau beobachtet werden. Ihr verhältnismäßig niedriges Gehalt – und das wissen alle – ist nicht ihre einzige Einnahmequelle.

Im Obergeschoss unter den hohen, offenen Türfenstern hat der Prinzipal seinen Platz. Hier befindet sich die Schifffahrtsabteilung für die Heimatdampfer und die Passage- und Speditionsabteilung und auch hier wimmelt es stets von Kunden, Fahrgästen, Kapitänen. Besonders wenn viermal im Monat der deutsche Postdampfer im Hafen liegt, ist jede Menge los. Vom Fenster aus hat man einen Blick auf die Reede und die weite See. Das erste, was unser Kaufmann am Morgen unternimmt, ist ans große Fernglas zu treten und voller Stolz die Anzahl der Schiffe mit deutscher Flagge zu zählen. Es vergeht kaum ein Tag, an dem nicht zwölf oder mehr deutsche Dampfer im Hafen liegen.

An diesen großen Raum der Schifffahrtsabteilungen schließt sich je ein großes Zimmer für die Produkten- und Finanzabteilung sowie für den

Import mit seiner bunten und interessanten Musterausstellung an. Im zweiten Stock dann Stille. Hier befinden sich die Buchhalterei und die Räume des Generalkonsulats.

Die Arbeit wird zwischen zwölf und ein Uhr vom Tiffin, das aus reichhaltigen Currygerichten besteht, unterbrochen. Bis vier Uhr wird im Regelfall gearbeitet. Anschließend lässt man sich wieder mit der Rikscha nach Hause bringen, wo bei der Ankunft ein Diener mit einem Glas Sherry auf einen wartet. Danach folgen Bad und Ausfahrt. Mit Sonnenuntergang wird der Bungalow üppig mit Gasglühlicht erhellt und gegen sieben Uhr nimmt man die Hauptmahlzeit ein, anschließend wird gelesen, geplaudert oder in den Vereinshäusern Billard gespielt.

Bereits 1856 ist der erste deutsche Klub mit 21 Mitgliedern gegründet worden. Noch im Dezember des gleichen Jahres wird das Klubhaus nach Mount Elizabeth verlegt, wo 1862 das „Blanche House" eingeweiht wird. Die Türen des Klubs stehen bis 23 Uhr offen und deutsche Zeitungen liegen aus. Glücksspiele jeglicher Art sind verboten und als Getränke sind lediglich Cognac, Claret und Sherry zugelassen. Höhepunkt ist der Besuch des 18jährigen Prinzen Heinrich von Preußen im Klub Teutonia am 20. Juni 1880. Ihm zur Ehren gibt man ein Festmahl, die Veranda, die um den Klub läuft, ist mit allen möglichen Flaggen behangen und die Pfeiler selbst sind mit grünen Kränzen umwunden. Die zehn Gerichte werden begleitet von 68er Niersteiner Auslese, Chateau Larose, Haute Sauterne,

Chambertin, Heidsieck und Moet & Chandon. Und das alles im Tropenklima.

Achtzehn Jahre später kehrt Prinz Heinrich, nun Kommandeur der zweiten Kreuzerdivision der Kaiserlichen Marine, anlässlich seiner Ostasienreise noch einmal nach Singapur zurück. Am Donnerstag, den 24. Februar, findet im Klub Teutonia ein Empfang für seine Königliche Hoheit statt. Bei herrlichem Wetter beeindruckt die Illumination des Klubgebäudes nicht nur die geladenen Gäste, sondern auch viele Tausend andere. Unzählige buntfarbige „Elfenlampen" sind auf höchstkünstlerische Weise vor dem Klub und in dem angrenzenden Garten angebracht. Im Gebäude selber beeindruckt die Dekoration mittels Flaggen, Immergrün und wunderschönen Blumen. Neben chinesischen und malaiischen Sängerinnen und Tänzerinnen, aber auch Taschenspielern spielte die Militär- und Marinekapelle auf. Unter großem Jubel empfängt man den Prinzen. Im Namen der Anwesenden drückt der Präsident des Klubs seine Freude über den hohen Besuch aus. Darauf folgt ein Konzert. Mit dem gemeinschaftlichen Gesang von „Deutschland, Deutschland über Alles" klingt der Teil im Saal aus und wird im palmenreichen Garten mit dem vom Prinzen höchst selbst komponierten „Präsentier Marsch der Kaiserlichen Matrosen Division" fortgeführt. „Die Wacht am Rhein" und die Nationalhymne beschließen das Konzert. Prinz Heinrich verlässt erst nach Mitternacht den Garten. Ein voller Erfolg. Das sollte zugleich eine der letzten Veranstaltungen im alten Klubgebäude sein.

Da die Mitgliedschaft im Klub inzwischen auf 100 angewachsen ist und das „Blanche House" sich als baufällig erweist, geht man um die Jahrhundertwende das Wagnis eines Neubaus an. Für 20000 Dollar errichtet man ganz im wilhelminischen Stil ein schlossartiges Gebäude, das am 21. September 1900 in Anwesenheit des britischen Gouverneurs Sir Frank Swettenham eingeweiht wird. Belustigungen, Karussells, Schießbuden und andere Stände umrahmen das Ereignis. Zu diesem feierlichen Anlass ist das Lesezimmer in einen Ballsaal umgewandelt worden. Von nun an kommen jeden Mittwochnachmittag die jungen Mitarbeiter von Behn, Meyer & Co. aus „Spring Grove" herüber, um im Klub Teutonia Tennis und Billard zu spielen sowie über Tagespolitik zu sprechen.

98 Jahre später. Ein gewittriger Augustabend, die übliche schwere Schwüle liegt über der Stadt. Mein Blick aus dem zwölften Stock des "Far East Plaza" wandert hinüber zu eben diesem schlossartigen Gebäude, in dem einst der deutsche Club zu Hause war. Heute befindet sich in diesen historischen Gemäuern das Goodwood Park Hotel, ein 5-Sterne-Hotel, das nicht nur wegen seines High Teas und seiner zentralen Lage an der Scotts Road von seinen Gästen sehr geschätzt wird.
Vor wenigen Tagen sind wir in Singapur angekommen - nach sechs Jahren Peking beginnt ein neuer Lebensabschnitt hier in den Tropen. Die Deutsche Schule Singapur, mein neuer Arbeitgeber, hat uns in einem Serviced Apartment unweit der berühmten Orchard Road einquartiert. Un-

sere kleine Familie besteht in dieser Zeit aus meiner Frau Liu Yun, mir und unserer kleinen vier Monate alten Tochter Svenja. Auf meinen zahlreichen Reisen durch Südostasien war ich immer mal wieder über Singapur geflogen und der Reiz dieses Stadtstaates war im Lauf der Zeit immer unwiderstehlicher geworden. Einmal war ich auch schon von der Bukit Timah Road aus an den koloniales Flair ausstrahlenden Villen des Binjai Parks vorbeigewandert, um einen verstohlenen Blick auf die Deutsche Schule Singapur zu werfen, die sich - eingebettet zwischen dem British Club und dem Swiss Club - auf einem Hügel inmitten von tropischem Regenwald befindet. "Dort einmal zu arbeiten! Das wäre wirklich ein Traum!", dachte ich mir damals und flog wenige Tage später weiter nach Medan, um von dort aus den Tobasee auf Sumatra zu erkunden. Indonesien mit seinen Inseln Bali, Java und eben Sumatra zählte damals ebenso zu meinen Zielen in Südostasien wie auch die Philippinen, Thailand, Malaysia, Vietnam, Laos, Kambodscha und Myanmar. Ich hatte mich in Südostasien verliebt, in diese bunten Farben, die freundlichen Gesichter, die tropische Wärme, die weißen Sandstrände und nicht zuletzt die faszinierende Kultur. Es war ein inspirierender Gegenpol zu meinem Leben in China, einem Land, in dem die Gegensätze nicht größer sein könnten, oft grau und hässlich, aber mindestens ebenso oft auch einfach hinreißend und beeindruckend, in jedem Fall immer von großer Tiefe und Intensität. Aber jetzt hatte ich es tatsächlich geschafft. Ich war dort, wo ich mich sooft schon hingewünscht hatte: Ich war mitten in Südostasien, in Singapur!

Während hinter mir auf dem Bett meine vier Monate alte Tochter ihr Schläfchen macht, ein paar Stockwerke unter mir in einem Outdoorpool, der sich in einem Dachgarten des Far East Plaza befindet, meine Frau ihre Schwimmrunden dreht, schaue ich von oben auf die Wipfel der Dschungelriesen, auf die tropischen Blütenbäume wie Frangipani, Bougainvillea oder Hibiskus, auf die auf der Scotts Road vorbeifahrenden blauen und gelben Taxen und weißroten Busse, auf die Silhouette dieser Stadt. Singapur ist nach Djidda und Peking nun die dritte Station meines Asienaufenthaltes, der nun schon in sein 13. Jahr geht. Wieder ein Neuanfang, diesmal mit einer Familie. Nach Arabien und dem "Reich der Mitte" eine weitere Facette dieses vielseitigen Kontinents! Nur noch wenige Tage wird es dauern, bis wir in die große Maisonettewohnung eines Condos in der Mount Sinai Gegend ziehen werden, nach Grenville. Als Deutscher in Singapur, wie wird es mir ergehen? Wie war es damals?

Die deutsche Gemeinde schaut nicht nur voller Stolz auf die Besuche des Prinzen Heinrich und des prunkvollen Neubaus des Klub Teutonia zurück, sondern auch unser Kaufmann kann in der Tat voller Stolz auf seinen Arbeitgeber Behn, Meyer & Co. blicken. Am 1. November 1890 hat man das fünfzigjährige Jubiläum des Unternehmens gefeiert. Die Geschäfte haben sich seit 1840 erheblich ausgeweitet. Das europäische Personal ist von einem Angestellten bei der Gründung auf mittlerweile elf angestiegen. Die ertragreichen Jahre haben sich ausgewirkt und der Kapitalbestand umfasst per Ende 1889 knapp über 1,2 Millionen Mark. Grund zum Feiern also, und man tut es auch, für hanseatische Verhältnisse sogar ausgiebig.

Am 1. November empfängt man die Glückwunschbesuche fast sämtlicher deutscher, holländischer und Schweizer Kaufleute Singapurs. Es erscheinen ebenfalls viele Engländer, zum Teil mit ihrem gesamten Personal. Wie umfangreich die Anzahl der Besucher ist, lässt sich auch an dem Konsum von Champagner ablesen. Wegen der wie immer fast unerträglichen Mittagshitze trinken die meisten Gäste nur ein Glas, trotzdem werden 24 Flaschen geleert. Der Dampfer „Necker" des Norddeutschen Lloyd präsentiert bis zu seiner Abfahrt um 13 Uhr seinen vollen Flaggenschmuck.

Abends um 19.30 Uhr folgen 40 Deutsche, Schweizer und Holländer der Einladung des leitenden Singapur-Managers von Behn, Meyer & Co. Walter Edelmann zum Diner im Singapore Club. Die Stimmung erweist sich als gut und es werden verschiedene Toasts ausgesprochen. Edelmann dankt der liberalen englischen Kolonialpolitik, die jeden Fremden willkommen heißt und ihnen die gleichen Rechte gewährt wie den Engländern selber. Ebenso dankbar zeigt er sich gegenüber dem nun endlich einigen und mächtigen Deutschen Reich. Selbst das Hinscheiden des „Helden-Kaisers" Wilhelm [gemeint ist Wilhelm I.] und die Rücktritte von herausragenden Männern wie Bismarck und Moltke vermochten den Frieden in Europa und damit in der Welt nicht zu stören. Edelmann schließt mit einem Hoch auf das auch zukünftige Gedeihen und Blühen des Handels in Singapur.

Auch der deutsche Konsul Eschke ergreift das Wort und betont ausdrücklich, dass Behn, Meyer & Co. dem deutschen Namen im Ausland Achtung und Ehre erweise. Am darauf folgenden Tag nehmen 80 meist jüngere Herren an einem Picknick auf einem Schiff rund um die Insel Batam teil. Zur Feier des Jubiläums haben alle Angestellten der Firma ein doppeltes Salär erhalten.

Der Seniorchef sowie sein damals in Hamburg weilender Sohn Eduard Lorenz Meyer lassen es sich nicht nehmen, der St. Andrew´s Cathedral in Singapur ein kostbares, silbernes Altargerät, bestehend aus Kanne, Oblatenschale und Kelch, zu stiften. Auf der pergamentenen Stiftungsurkunde drücken sie ihren Dank für den Schutz, die Freundschaft und die Freiheit, die der Firma stets von der britischen Regierung zuteil geworden ist, aus.

Selbst die nicht besonders deutschfreundliche „Straits Times" nimmt freundliche Notiz von dem Jubiläumsereignis. In dem Bericht werden die aufgeschlossene englische Kolonialpolitik und die Freiheiten, die die Ausländer speziell in Singapur genießen, hervorgehoben. An dem erfolgreichen Handel hätten auch die deutschen, besonders aber die Hamburger

Kaufleute wesentlichen Anteil. So sei „das deutsche Element eines der allerbesten in unserer Gemeinschaft". Je mehr Kaufleute nach Singapur kämen, die die Qualitäten der Gründer von Behn, Meyer & Co. mitbrächten, umso besser sei es für die wirtschaftliche und bürgerliche Stärke Singapurs.

Diese Anziehungskraft des tropischen Stadtstaates, in dem der Osten den Westen trifft, ist auch zu Beginn des 21. Jahrhunderts sehr ausgeprägt. Obwohl das Image einerseits immer noch gekennzeichnet ist von Prügel- und Todesstrafe, strengen Gesetzen und autoritären Strukturen, beweist andererseits die große deutsche Community, die heute in die Fußstapfen der Hamburger Kaufleute getreten ist, dass Singapur ein ganz besonderer Standort ist, um Handel zu treiben. Aber die Attraktivität hat noch ganz andere Facetten. Mitten auf der Insel befindet sich ein Primärdschungel, in vielen Teilen der Stadt hat man den Eindruck, sich in einem riesigen tropischen Park zu befinden. Strände auf der vorgelagerten Insel Sentosa vermitteln Südsee-Atmosphäre. Die ethnische Vielfalt des Stadtstaates, die Vielzahl an Festivitäten, seien es nun chinesische, hinduistische, buddhistische, islamische oder christliche Feiern, und die variationsreiche Küche vermitteln ein buntes und farbenfrohes Bild. Als Expat wohnt man in der Regel in sogenannten Condominiums, die teilweise an Ferienresorts, wie man sie in tropischen Urlaubszielen findet, erinnern. Tennisplätze, Fitness-Center und die zumeist palmengesäumten

Pools tun ihr Übriges. Dass einem dann auch noch eine Maid aus Indonesien oder von den Philippinen die Hausarbeit abnimmt, rundet dieses Bild ab.

„Hast du schon gegessen?" - „Wo wirst du heute dein Mittagessen einnehmen?" – „Was wird es heute Abend zum Dinner geben?" Übliche Fragen, die ein Gespräch unter den „locals" in Singapur einleiten. Essen, Essen, Essen. Dieses Thema beherrscht die Unterhaltungen der zumeist schlanken Bewohner des Inselstaates in einer Weise, die selbst diejenigen Bewohner des Okzidents verblüffen, die kulinarische Köstlichkeiten als Teil ihrer Lebensphilosophie sehen. Und es wird nicht nur darüber geredet. Singapurer essen eigentlich immer – wenn sie nicht gerade darüber sprechen.

Im Mittelpunkt des preiswerten Essvergnügens stehen dabei die so genannten „Hawker". Frühere Straßenverkäufer wurden aus Gründen der Hygiene dazu angehalten, sich in diesen Hawker Centern zusammenzutun. Hier sitzt man draußen, kann an den verschiedenen Ständen alle möglichen asiatischen Gerichte für wenig Geld bestellen und bekommt es an seinen Tisch gebracht. Kokosnussmilch, direkt mit einem Strohhalm aus der Frucht genossen, frische Säfte oder ein lokales Tiger Beer sind die landesüblichen Getränke, die dazu gereicht werden.

Frühmorgens sind bereits die zahlreichen Hawker der Stadt bevölkert. Die Singapurer beginnen den Tag mit einem Kaya Toast, der mit einem sehr süßen Aufstrich aus Milch, Ei und Kokosnuss beschmiert ist. Auch ein Sojabohnenpfannkuchen mit Erdnussbutter mit einem gekochten Ei erfreut sich großer Beliebtheit, dazu einen malaysischen Kaffee - am besten ein Kopi Susu – und der Tageseinstieg ist gelungen. So verführerisch dies alles aber für den ein oder anderen klingen mag, trotz meiner Begeisterung für das asiatische Essen – das Frühstück habe ich doch zumeist auf westliche Art zu mir genommen, die Zutaten dafür gab es im „German Market Place" in der Bukit Timah Road.

Aber spätestens abends findet man sich auch als „Westler" im Hawker ein. Besonders bekannt ist der Lau Pa Sat an der Robinson Road, nicht weit vom Raffles Place. Hier schmecken die Satay-Spieße aus Fleischstücken vom Rind, Hähnchen, Hammel oder Fisch, die auf Holzkohle gegrillt werden, besonders gut, dazu gibt es eine sehr charakteristische Erdnusssauce, Gurken, Zwiebeln und Reis. Ebenfalls sehr beliebt, sowohl bei Expats, Touristen und bei Einheimischen, ist der vergleichsweise teure Newton Circus, der recht zentral, unweit der Orchard Road liegt. Hier schmeckt eines der Nationalgerichte des Landes, die Chili Crab, ein hartschaliger Krebs mit Tomaten-Chili-Sauce, einfach fantastisch.

Unsere Lieblingshawker waren allerdings die Hawker, die unseren Condos am nächsten lagen. In der ersten Zeit war das ein Hawker, der sich neben einem „wet market" befand, einem Ort, an dem man auch frisches Obst, Gemüse, Fisch und Meeresfrüchte einkaufen konnte, Ghim Moh, unweit unserer Wohnung in der Mount Sinai Lane. Hier machten wir unsere ersten Erfahrungen mit der singapurischen Küche und waren sofort begeistert. Später nach unseren Umzügen nach Trevose Park und Sommerville Park waren es vor allem der Adam Hawker an der Ecke Adam Road, Bukit Timah Road, und der Farrer Market an der Farrer Road. Hier gab es die beste Schweineeingeweidesuppe und aus Sicht der Kinder die besten Roti Prata, eine Art indisches Omelett aus ganz dünnem Teich mit unterschiedlicher Füllung. Auch Char kway teow, verschiedene gebratene Nudeln mit einer dunklen Sauce mit Hähnchen, Schweinefleisch oder Shrimps und Gemüse, oder Hokkien Fried Mee, gelbe Nudeln mit Schweinfleisch, Shrimps und Gemüse, schmeckten hier authentisch. Für Hartgesottene gab es auch die Möglichkeit, sich an in scharfer Currysauce gegarten Fischköpfen mit Gemüse und Reis zu versuchen.

Oft sah ich hier den älteren Männern zu, die leger im Unterhemd um einen Tisch herumsaßen und Karten spielten, sich dabei im landesüblichen Singlish (Singapurer Englisch) oder Hokkien, einem in Singapur weitverbreitetem südchinesischem Dialekt, unterhielten und ihr Tiger Beer tranken. Gerade in meinen letzten Jahren in Singapur, als eigentlich schon die Entscheidung getroffen war, als Permanent Resident ganz in Singapur zu bleiben und gleichzeitig meine Ehe immer stärker vom Scheitern bedroht war, überlegte ich mir, ob ich eines Tages einer von ihnen sein würde, ein weißer Singapurer, der seine Abende wie diese Herrn verbringen würde, weit, weit weg vom eigenen Kulturkreis. Die Vorstellung fiel mir trotz meiner engen Beziehung zu Singapur schwer, wie es mir ohnehin schwer fiel, mir vorzustellen, wo ich wohl als Ruheständler meinen Lebensabend verbringen würde, im Osten oder im Westen... Und noch heute habe ich Zweifel, dass ich meine letzten Lebensjahre tatsächlich im Rhein-Main-Gebiet verleben werde. Die Sehnsucht nach Asien wächst wieder...

Die Luxusvariante der Hawker sind die Food Courts in den klimatisierten Shopping Malls. Hier gibt es auch hervorragende chinesische Restaurants wie das „Lao Beijing" im Plaza Singapura oder „Silk Road" im Amara Hotel. Und immer wieder japanische Restaurants und Sushi Bars, deren Angeboten man kaum widerstehen kann. Und wenn man Indisch essen will? Curry in Singapur? Da kann es nur einen geben; Samy's.

Curryduft liegt in der tropischen Luft Singapurs. Wir sind auf dem Weg zu Samy`s, dem Lieblingsinder vieler Expats. Noch bevor man die Lokalität betritt, stimmt uns das Zirpen der Zikaden auf den tropischen Abend ein. Die kleine Anhöhe in einem ehemaligen britischen Armeekomplex an der eher unscheinbaren Dempsey Road ist unser Ziel. Dort, in der ehemaligen Messe für britische Unteroffiziere, hat sich Samy`s niedergelassen. Neben dem Curryduft erwarten den Gast einfache, von Curry gezeichnete Tische in einem Raum voller Deckenventilatoren: Tropisches koloniales Flair macht sich hier breit. Den Gast erwarten aber auch etwas griesgrämig dreinblickende Inder, die nur darauf warten, die grünen Bananenblätter, die als Tellerersatz dienen, vor dem Gast auf den Tisch zu platzie-

ren. Noch bevor man sein Tiger erhält, das eisgekühlte klassische Bier Singapurs, kommen Samy`s indische Angestellte mit großen blechernen Kübeln angeschlurft und klatschen dem Gast Birjani Reis, Gemüse und Currysauce auf die Bananenblätter. Dann wieder neue Kellner, ebenfalls mit Kübeln bewehrt, und nun geht es im wahrsten Sinne des Wortes Schlag auf Schlag: Masala Chicken, Tikka Chicken Massala, Tandoori Chicken, dann Lamm, Tintenfisch, Fischfilet und große Garnelen – unnötig zu sagen: alle in Curry eingelegt – landen auf dem Bananenblatt. Nur der erfahrene Gast wagt zu widersprechen, denn jede Ablehnung wird mit Unverständnis und Missbilligung quittiert. Die Alternative aber wäre ein mit leckersten Currygerichten gefüllter Magen... Hat man zunächst das Gefühl, es müsse eine Gnade sein, hier essen zu dürfen – was es eigentlich auch ist – entspannt sich das etwas angestrengt wirkende Gebaren der indischen Angestellten im Laufe des Abends merklich. Es entsteht eine wohlige, angenehme Stimmung; bei der indischen Bedienung sieht man nun ringsum fröhliche Gesichter, man sitzt behaglich entspannt in einem tropischen, kolonial anmutenden Ambiente, die Zikaden zirpen noch immer unablässig und man freut sich schon auf das nächste Mal, wenn dasselbe Procedere seinen Lauf nimmt.

Meine Lieblingsorte in Singapur waren der Botanische Garten, Fort Canning Park, die East Coast, Sentosa, der Zoo und der Bird Park, Orte, die ich mit meinen Kindern zigmal besucht habe. Diese Orte vermitteln ei-

nem die Illusion, mitten in der tropischen Natur zu sein, der Botanische Garten mit seinem Palmental, in dem – wie auch im zentral gelegenen Fort Canning Park - immer wieder Open Air Konzerte stattfinden, die eine Art tropisches Woodstock-Feeling mitten in der Metropole Singapur aufkommen lassen, die East Coast, der von Palmen und viel Grün gesäumte Strand, die Südseeatmosphäre in den offenen Bars in Sentosa, der „Open Zoo", der einem vorgaukelt, mitten unter den Tieren zu sein und der Bird Park, der eine schier unglaubliche Variationsbreite von unterschiedlichen Vogelarten präsentiert.

Aber obwohl Singapur den Eindruck eines gut organisierten Paradieses vermittelt, gibt es immer wieder Überraschungen und man hat zuweilen Begegnungen, die in dieser Form in anderen Teilen der Welt so nicht vorstellbar sind. Begegnungen, die einem deutlich machen, dass sich Singapur zwar tatsächlich innerhalb kurzer Zeit zu einem Land entwickelt hat, das den Aufstieg "from Third World to First World" geschafft hat, wie es Staatsgründer Lee Kwan Yew in seinen Memoiren formuliert, dass aber die tropische Fauna auch in dieser scheinbar perfekten Inszenierung manchmal ihren Tribut fordert.

Mittagspause an der Deutschen Europäischen Schule Singapur. Die Schüler in ihren grünen Schuluniformen drängen sich vor dem Tresen in der Cafeteria, ich nutze mit einigen Kollegen die Gelegenheit, den schulischen Kontext für eine Dreiviertelstunde zu verlassen und wir erreichen nach fünf Minuten Autofahrt unten am Fuße des Bukit Tinggi unseren Binjai Park Hawker. Eine schmackhafte Wan Tan Suppe und Chicken Rice, dazu einen frischen Zitronensaft, das alles für umgerechnet drei Euro. Ein Kopi Susu beschließt das Mahl. Derart gestärkt und gut gelaunt sitzen wir um kurz vor 14 Uhr wieder im Auto, fröhlich durcheinanderredend dem Nachmittagsunterricht entgegen. Plötzlich stockt uns allen der Atem: Vor uns auf der Straße, mitten auf einer Kreuzung, liegt ein Mann. In einem ersten Impuls denken wir wohl alle: Er ist tot. Aber dann bemerken wir, dass er sich noch bewegt. Wir sind schockiert, vor allem wundern wir uns darüber, dass mehrere Autos langsam an ihm vorbeifahren, aber keiner hilft. Als wir näherkommen, entdecken wir, dass Dutzende, nein Hunderte, vielleicht Tausende von Insekten um den auf dem Asphalt liegenden Malaien herumschwirren. Ein Kollege springt aus dem Auto, um zu helfen, doch ein Schwarm dieser Insekten geht sofort auf ihn los und so schafft er es mit knapper Mühe in den schützenden Wagen zurück. Es scheint sich um Wespen oder Bienen zu handeln, wir sind ratlos. Ratlos wie offensichtlich auch die Insassen in den anderen Autos, die am Rande der Straße angehalten haben. Dann öffnet trotz unserer Warnungen Klaus, ein weiterer Kollege, der mir schon zuvor immer wieder durch seine uneigennützige Hilfsbereitschaft aufgefallen war, kurzentschlossen die Tür und verlässt das Auto, hält aber einen Sicherheitsabstand zum Geschehen. Er fordert den am Boden Liegenden immer wieder auf, nicht aufzugeben, seine Kräfte zu sammeln und aufzustehen. Schließlich hat er Erfolg, der Mann steht auf, taumelt, unverändert umzingelt und aggressiv bedrängt von den Bienen. Killerbienen, wie sich später herausstellt. Dann läuft Klaus los, fordert den Angegriffenen auf, ihm zu folgen – und das tut dieser auch, offensichtlich mit letzter Kraft. Klaus, ein mehrfacher Familienvater, riskiert Kopf und Kragen, aber es gelingt ihm tatsächlich den bedauernswerten Mann auf diese Weise in die Hollandse School zu lotsen, dort wird er mit einem Wasserschlauch abgespritzt, bevor er in sich zusammensackt. Unterdessen sind wir in unsere Schule weitergefahren, wo wir unsere Schüler, soweit sie sich im Freien aufhalten, auffordern, sofort in die zur Abfahrt bereitstehenden Busse oder ins Gebäude zu gehen. Wie sich herausstellt, eine Maßnahme, die sich glücklicherweise als überflüssig erweist, die Gefahr ist vorüber, die Killerbienen tauchen an diesem Nachmittag nicht mehr auf. Aber unser Kollege Klaus ist an diesem Tag als Lebensretter aufgetreten: Der junge Mann, der von den Killerbienen so traktiert worden ist, hat Hunderte von Einstiche und hat nach seinem Zusammenbruch in der holländischen Schule schließlich das Bewusstsein verloren. Er entkommt nur ganz knapp dem Tod. Was war geschehen? Später kann man rekonstruieren, dass offensichtlich während eines der heftigen Gewitterschauern am frühen Morgen das Bienennest voll Wasser gelaufen war und just in dem Moment, als der unglückliche junge Mann dort vorüberging, klatschte das vollgelaufene Nest zu Boden und die Bienen stürzten sich auf das, was sich in ihrer unmittelbaren Nähe bewegte und was sie wohl als Quelle ihres Unglücks ausgemacht hatten – unseren armen Freund aus Malaysia! Und das alles nur wenige hundert Meter von unserer Schule entfernt...!

Unsere Schule – eine Schule im Dschungel. Das üppige Grün des tropischen Regenwaldes bildet eine staunenswerte Kulisse, ein verwegenes Ambiente für die „German European School Singapore". Ein geheimnisvoller Klangteppich und eine verblüffende Vielfalt an exotischen Pflanzen empfangen den Besucher, der das Schulgelände erkundet. Die Episode mit den Killerbienen blieb die Ausnahme, aber nicht selten stellen sich ihm Affen in den Weg, kann er mit etwas Glück kleinere und größere Schlangen oder gar einen Waran sehen.
Besuche von Affen auf dem Schulgelände sind alles andere als selten. Wenn der erste Javaneraffe gesichtet wird, ist der zweite nicht weit und dann kommen weitere hinzu, oft bestehen die Gruppen von Makaken, die die hohen Zäune des Schulgeländes mühelos erklettern, oben auf ihnen entlanglaufen und dann mit großer Geschwindigkeit das Terrain „erobern", aus bis zu fünfzig Exemplaren. Die Affen machen sich dann über die Mülleimer her und hinterlassen eine Spur der Verwüstung. Beliebtes Ziel ihrer Raubzüge sind auch die Schultaschen, die Schüler während des Sportunterrichts im offenen Forum der Schule stehen gelassen haben. Brotboxen werden von den frechen Allesfressern gestohlen, an ei-

nem erhöhten Platz geöffnet und dann den verdutzten Beobachtern vor die Füße geworden. Aus sicherer Höhe beobachten die dreisten Tiere dann amüsiert deren erboste Reaktionen – dabei genüsslich die leckeren Mitbringsel der Schüler verzehrend. Als ich an einem späten Nachmittag aus dem Konferenzraum durchs Freie in mein Büro gelangen wollte, stellte sich mir ein erstaunlich großer Javaneraffe in den Weg und baute sich bedrohlich vor mir auf. Bei jeder kleinen Bewegung von mir kam er näher auf mich zu und versuchte mich einzuschüchtern, letztendlich mit Erfolg. Ich gab klein bei und wartete, bis der Makake nach einiger Zeit schließlich als Sieger triumphierend von dannen stolzierte...

Geschichten über Schlangen machen in Singapur immer wieder die Runde. Da gibt es die abenteuerliche Geschichte von einer Familie, die im siebten Stock eines Apartmenthauses in einem Condominium wohnt und auf dem Couchtisch eine größere Obstschale platziert hat. Beim abendlichen Fernsehgucken beginnen sich die Früchte plötzlich zu bewegen, auf und ab. Die Familienmitglieder trauen ihren Augen nicht: In der Schale liegt aufgerollt wie ein Lakritzrolle eine gefährliche Giftschlange... Aber es gibt auch eigene Erlebnisse mit Schlangen: An einem Montagmorgen, als ich während des Unterrichts einmal einen Moment lang gedankenverloren aus dem Fenster schaue, auf der Suche nach einer schülergerechten Definition eines rhetorischen Stilmittels, verschlägt es mir fast die Sprache, denn im Grün vor dem Fenster bewegt sich etwas sehr, sehr Großes. Eine riesige Königskobra zeigt Interesse an meinem Deutschun-

terricht und ist zudem wohl auf der Suche nach Fressbaren auf dem Schulgelände, Bedienstete gehen dann mit Feuerwerfern gegen die Giftnatter vor. Die Königkobra gilt immerhin als größte Giftschlange der Welt, ein Biss kann tödlich sein. Ein andermal wird auf dem Weg von der Schule zur Turnhalle, der auf einem Boardwalk durch ein Stück Dschungel führt, eine ausgewachsene Wagler's Pit Viper im Geäst entdeckt. Typisch für diese Giftschlange ist der dreieckige Schädel und vor allem der Umstand, dass dieses Reptil tagelang regungslos an einer Stelle verharren kann, um dort auf Beute zu lauern. Der Biss dieser Schlange ist ausgesprochen schmerzhaft und zumindest "für Erwachsene in der Regel nicht tödlich", nicht gerade beruhigend für unsere Jugendlichen. Zwei Tage lang haben Schüler dann im Rahmen ihres Biologieunterrichts Gelegenheit aus sicherer Entfernung diese Schlangenart zu beobachten, bevor die Viper schließlich im Gesträuch wieder verschwindet. Unvergessen auch ein sonntägliches Erlebnis am Pool in unserer Wohnanlage Sommerville Park, an das sich meine Tochter Svenja noch heute mit einer Mischung aus Schauer und Wonne erinnert. Svenja und ich ruhen uns auf Liegestühlen unter einer Palme aus und sind dabei ein Eis zu schlecken, als meine Tochter, die zunächst entspannt in den Himmel geschaut hat, plötzlich erstarrt und die Augen verdreht. Sie hat gerade etwas entdeckt, was ihr den Atem nimmt. An dem Stamm der majestätischen Palme, die sich über uns ausbreitet und uns ein wenig Schatten spendet, schlängelt sich, offenbar von Hunger und Neugier getrieben, eine weiße, recht zier-

liche Schlange den Stamm herunter - geradewegs auf uns zu. Schließlich zappelt sie direkt vor uns auf dem Boden... Eine Dame des Wachpersonals, eine Inderin, die wir herbeigerufen haben, reagiert äußerlich gelassen und fragt dann, ob meine Tochter die Schlange zuerst entdeckt habe. Nachdem wir dies bejaht haben, ist plötzlich ein Lächeln auf ihrem Gesicht zu erkennen und sie beglückwünscht Svenja mit den Worten: "Wenn mich nicht alles täuscht, handelt es sich hier um eine recht seltene Albinoschlange. Eine solche Schlange bringt dem, der sie sieht, unheimlich viel Glück." In diesem Moment fängt es erst leicht an zu tröpfeln und dann entwickelt sich daraus - wie üblich in Singapur - innerhalb von Sekunden ein Wolkenbruch. Es riecht plötzlich nach Erde und das Wasser im Pool sieht auf einmal so aus, als würden in ihm Tausende von Fröschen herumspringen. Wir stehen zu dritt im warmen Tropenregen und sehen zu, wie dieses seltene Exemplar einer Albinoschlange langsam zwischen den Sträuchern verschwindet und Svenja ist überhaupt nicht mehr verschreckt. Ihre fröhliche Mimik verrät vielmehr, dass sie fest daran glaubt, dass sie von nun an das Glück nie mehr verlassen wird.

Im Norden des Stadtstaates befindet sich der Sungei Buloh, ein Naturpark in einem ganz anderen, ländlich geprägten Singapur. Auf Holzstegen kann man das Gebiet des „Bambusflusses" erkunden. Hier - in Sichtweite der Straße von Johor, die Singapur von Malaysia trennt - ist Singapur noch so, wie es Sir Stamford Raffles vorfand, als er 1819 den Insel-

staat „entdeckte". Ausgedehnte Mangrovenwälder, wohin man blickt. Ein Rastplatz für Zugvögel, aber auch das Zuhause von Kletterkrabben, Schlammspringern und – natürlich – auch Schlangen, die an den Außenwänden der Aussichtstürme entlanggleiten. Vor allem aber ist hier auch ein Ort, an dem man eine ganz besondere Spezies von Reptilien beobachten kann, die mit ihrer charakteristischen langen Zunge, die an der Spitze tief gespalten ist, ihrem Geruchssinn folgen und „züngeln". Es sind – Warane. Die Riesenechsen, die bis zu drei Meter lang werden können und etwas Archaisches und Vorgeschichtliches ausstrahlen, versperren einem auch schon mal den Weg. Während einer Projektwoche, an der mein Sohn teilnahm, wurden die Schüler seiner Gruppe einzeln um einen Waran herumgeleitet, der sich quer über den Pfad gelegt hatte. Sebastian hatte an diesem Tag auch das Glück, eines der wenigen Krokodile in den Gewässern zu sichten. Seit diesem Tag haben es ihm aber die Warane angetan. Nach unserer Übersiedlung nach Deutschland verblüffte er staunende Mitschüler und eine perplexe Klassenlehrerin in der 4. Klasse mit einem Referat über ein Tier, von dem alle noch nie zuvor gehört hatten.

Im Januar 2012 wurde ich von meiner ehemaligen Schule in Singapur gebeten, unter der Rubrik "GESS Alumni" einen kurzen Beitrag für das Jahrbuch zu verfassen. Ich selbst war jahrelang Herausgeber und Chefredakteur dieser Publikation gewesen und kam dieser Aufforderung natürlich gern nach, bot dieser Anlass mir doch auch noch einmal Gelegenheit, über Singapur und die Zeit seit meiner Abreise aus dem tropischen Inselstaat nachzudenken. Unter der Überschrift "Unstillbare Sehnsucht nach Asien" verfasste ich folgenden Text:

"Im Sommer 2008 habe ich Singapur verlassen, nicht weil ich wirklich wollte oder musste, sondern weil sich der Kopf gegen das Gefühl durchgesetzt hatte. Im September 2008 sollte ich 50 Jahre alt werden, die letzte Chance, noch Beamter zu werden, wäre somit verstrichen, Hessen war hier die noch einzig verbleibende Option.
Ich komme aus einer Beamten- und Lehrerfamilie und so haben sich diese Gene wohl am Ende doch noch durchgesetzt, allerdings wirklich in allerletzter Minute. Im Sommer 2008 waren es dann allerdings auch bereits 22 Jahre, die ich ununterbrochen in Asien verbracht hatte, nach sechs Jahren an den Deutschen Schule Djidda und sechs weiteren Jahren an der Deutschen Schule Peking und nach tatsächlich zehn Jahren an der German European School Singapore (GESS) – kein Rekord, aber immerhin doch ein Umstand, der den Vorstand veranlasste, das dann obligatorische Goldplättchen an einen langjährigen Mitarbeiter zu vergeben.
Was ist geblieben? Gespräche mit meinen beiden Kindern, Svenja und Sebastian, die noch heute von dieser wundervollen Schule im Dschungel schwärmen, den kompetenten und engagierten Lehrern, dem besonderen Flair einer international geprägten Schule. Erinnerungen an den Bin-

jai Hawker, an Chicken Rice, frischen Zitronensaft und Kopi Susu. Der Poolblick vom Balkon unserer Wohnung im Sommerville Park. Die abendlichen Läufe durch den Botanischen Garten und entlang der Pierce Road oder um das MacRichie Reservoir herum, sonntägliche Ausflüge nach Sentosa, an die East Coast und den Zoo, Tennisschlachten mit Kollegen, der Duft der Frangipani, die Nächte in den Tropen. Ein Waran, der die Bukit Timah Road überquerte, ein riesiger Affe, der sich drohend vor mir aufbaute, als ich gerade dabei war, mein Büro zu verlassen. Schüler und Schülerinnen, Kollegen und Kolleginnen, die mir ans Herz wuchsen, eine wirklich nicht stressfreie, doch immer erfüllende Arbeit an einem unvergleichlichen Arbeitsplatz! Dabei lag mir die langjährige Arbeit am Jahrbuch der GESS immer ganz besonders am Herzen...
Bereut habe ich meinen damaligen Entschluss übrigens nicht, aber sentimentale Reminiszenzen sind unübersehbar... An der neuen Schule in Maintal habe ich eine Schulpartnerschaft mit einer Schule in Chengdu in China ins Leben gerufen. Immer wieder zieht es mich nach Asien, Abenteuerlust und Fernweh sind lebendig; in Singapur bin ich aber noch nicht wieder gewesen, vielleicht weil ich Angst davor habe, dass mich dann doch noch ein tiefes Gefühl von Reue und neuer unstillbarer Sehnsucht nach Asien überkommen könnte..."

Ausklang am Bosporus

März 2012, Frühling in Istanbul. Ich stehe mit Volker auf dem Dachgarten seiner Wohnung in Cihangir und genieße den unvergleichlichen Blick auf den Bosporus. Nur wenige Schritte entfernt befindet sich die ehemalige Botschaft des Deutschen Reiches, das heutige Generalkonsulat. Bei meinem ersten Besuch in Istanbul vor 1 ½ Jahren haben wir dort bei einem Empfang der deutschen Generalkonsulin zusammen unter dem Bildnis eines Herrn in osmanischer Uniform gespeist, der die deutsche Kolonialgeschichte in Asien mit seiner „Weltpolitik" gestaltet hat und von dem in diesem Buch immer wieder die Rede war: Kaiser Wilhelm II.

Hier oben auf der Dachterrasse weht zwar noch ein kühler Wind vom Schwarzen Meer her, aber dennoch kann man den Frühling mit allen Sinnen wahrnehmen. Neben dem Kreischen der allgegenwärtigen Möwen hört man das Zwitschern der Vögel. Von einem wolkenlosen Himmel scheint eine schon kräftige Sonne, die das Wasser des Bosporus tiefblau erscheinen lässt. Das frische Grün der Bäume und weiß und rosa blühende Sträucher setzen prächtige Farbtupfer in das Gewirr von Holz- und Steinhäusern und verwinkelten Gassen. Auf den Straßentreppen sind die Katzen bereits wach und versuchen den Rufen des Schrotthändlers in den kleinen Straßen unter uns Paroli zu bieten. Unüberhörbar auch das Tuckern der Fischerboote. Die Fähren, die kreuz und quer von einem Ufer zum anderen über die berühmte Wasserstraße fahren, müssen immer wieder auf die hupenden Containerschiffe und Tanker achten, die sich ihren Weg durch das Gewirr von Touristenbooten und weiteren Wasserfahrzeugen bahnen. Direkt vor uns dreht schließlich ein riesiges Kreuzfahrtschiff, um anzulegen.

Ganz rechts ist die Silhouette der historischen Altstadt von Istanbul erkennbar, die Vielzahl der schlanken Minarette, die in den Frühlingshimmel spitz hineinragen, ist beeindruckend. Der Blick bleibt schließlich hängen am Topkapi-Serail, am Sultanspalast mit seinem Haremsgebäude. Wenige hundert Meter davon entfernt die eindrucksvollen Umrisse der ehemaligen osmanischen Schuldenverwaltung, dem heutigen Gymnasium Lisesi, dem Arbeitsplatz von Volker, und schemenhaft sind hier auch die Kuppeln des gedeckten Bazars zu erkennen.

Links sieht man den prächtigen Palast von Dolmabahçe, wo Wilhelm II. mit seiner Gattin beim Staatsempfang weilte. Die Ruderer der prunkvollen Barkasse des Sultans warteten damals bereits am Ufer auf die Staatsgäste, um sie zur kaiserlichen Yacht „Hollenzollern" zurückzubringen. Unser Blick wandert weiter über die majestätische Istanbul Boğaziçi-Köprüsü, auf der bereits am frühen Samstagmorgen reger Verkehr herrscht. Die Brücke, die sich in einer Länge von 1,5 Kilometern über die vielbefahrene Wasserstraße des Bosporus spannt, hat eine ganz besondere Funktion: Sie bringt zwei Erdteile zusammen, Europa und Asien.

Asien! Vor uns liegt die ganze Breite des asiatischen Istanbuls. Der Blick bleibt haften auf Üsküdar, dem eher traditionellen moslemisch orientier-

ten Stadtteil mit den Minaretten und Moscheen, der Blick wandert die Küstenstraße entlang, bleibt am Mädchenturm hängen, geht weiter zu dem im 19. Jahrhundert erbauten riesigen Kasernenkomplex mit seinen vier pittoresken Ecktürmen, wo Florence Nightingale ihr Lazarett während des Krimkrieges errichtet hatte. Rechts davon dann die riesige im Wind flatternden türkischen Fahne mit dem Halbmond und Stern und schließlich die modernen Hafenanlagen mit ihren wuchtigen Containerkränen, wo gerade die Fähren aus der Altstadt anlanden und dann fokussieren wir uns auf die Silhouette des Bahnhofs Haidarpascha, dem Ausgangspunkt der sagenumwobenen Bagdadbahn.

Wir schauen uns an, denken das Gleiche: Beide sind wir in Gedanken wieder unterwegs nach Asien. Am Horizont erkennen wir schemenhaft hinter den vorgelagerten Prinzeninseln die Konturen des anatolischen Hochlandes und können es dann auch kaum noch abwarten, durch die kleinen Gassen zum Fähranleger in Kabataş zu laufen. Wir besteigen ein kleines schaukelndes Fährboot, das uns quer über den Bosporus nach Üsküdar bringt. In dem Moment, als wir das Fährschiff verlassen, erschallt der Ruf des Muezzin und wir wissen: Wir sind wieder auf dem Kontinent, der unser Leben zutiefst geprägt hat – Asien!

Literaturverzeichnis

I. Orient

Boelcke, Willi A. So kam das Meer zu uns. Die preussisch-deutsche Kriegsmarine in Übersee 1822-1914. Frankfurt/M., Berlin, Wien, 1981.

Canis, Konrad. Von Bismarck zur Weltpolitik. Deutsche Außenpolitik 1890 bis 1902. Berlin, 1997.

Deniz, Sükrü Levent (Hrsg.). Ein kristallener Leuchter ist die Zeit am Istanbul Lisesi ... 125 Jahre mit Dokumenten (1884-2009). Istanbul, 2009.

Fesser, Gerd. Der Traum vom Platz an der Sonne. Deutsche „Weltpolitik" 1897-1914. Bremen, 1996.

Franzke, Jürgen (Hrsg.). Bagdad- und Hedjazbahn. Deutsche Eisenbahngeschichte im Vorderen Orient. Nürnberg, 2003.

Fuhrmann, Malte. Der Traum vom Orient. Zwei deutsche Kolonien im Osmanischen Reich, 1851-1918. Frankfurt/New York, 2006.

Fuhrmann, Malte. „Germany´s Adventures in the Orient: A History of Ambivalent Semicolonial Entanglements". In: German Colonialism. Race, the Holocaust, and Postwar Germany. Volker Langbehn/Mohammad Salama (Hrsg.). New York, 2011: 123-145.

Kieser, Egbert. Als China erwachte. Der Boxeraufstand. Esslingen, München, 1984.

Korn, Wolfgang. Schienen für den Sultan. Die Bagdadbahn: Wilhelm II., Abenteurer und Spione. Köln, 2009.

Kummer, Matthias von. Deutsche Präsenz am Bosporus. 130 Jahre Kaiserliches Botschaftspalais – 120 Jahre historische Sommerresidenz des deutschen Botschafters in Tarabya. Istanbul, 2009.

Mainzer, Hubert/Herward Sieberg (Hrsg.). Der Boxerkrieg in China 1900-1901. Tagebuchaufzeichnungen des späteren Hildesheimer Polizeioffiziers Gustav Paul. Hildesheim, 2001.

McMeekin, Sean. The Berlin-Baghdad Express. The Ottoman Empire and Germany´s Bid for World Power, 1898-1918. London, 2010.

Petter, Wolfgang. „Die deutsche Marine auf dem Weg nach China: Demonstration deutscher Weltgeltung". In: Das Deutsche Reich und der Boxeraufstand. Suanne Kuß/Bernd Martin (Hrsg.). München, 2002: 145-164.

Plüddemann, Max. „Kohlenstationen und die Farisan-Inseln". In: Asien. Heft 2 (1901): 31-33.

Vierhaus, Rudolf (Hrsg.). Das Tagebuch der Baronin Spitzemberg. Aufzeichnungen aus der Hofgesellschaft des Hohenzollernreiches. Göttingen, 1960.

II. China

Erbar, Ralph. „Kiautschou – das „deutsche Hongkong" am Gelben Meer." In: Imperialismus. Praxis Geschichte Heft 1 (Jan. 1993): 63-65.

Felber, Roland/Horst Rostek. „Der `Hunnenkrieg´ Kaiser Wilhelms II. Imperialistische Intervention in China 1900/01." In: Illustrierte Historische Hefte 45. Berlin, 1987.

Fesser, Gerd. Der Traum vom Platz an der Sonne. Deutsche „Weltpolitik" 1897-1914. Bremen, 1996.

Fischer, Per. „Clemens von Ketteler – Ein Lebensbild aus amtlichen und privaten deutschen Quellen." In: Deutschland und China. Heng-yü/Leutner (Hrsg.). München, 1991: 333- 357

Gottschall, Terrell D. By Order of the Kaiser. Otto von Diederichs and the Rise of the Imperial German Navy, 1865-1902. Annapolis, 2003.

[Die] Große Politik der Europäischen Kabinette 1871-1914. Bd. 14: Weltpolitische Rivalitäten. Erste Hälfte. J. Lepsius/A. M. Bartholdy/F. Thimme. Berlin, 1924.

Hinz, Hans-Martin/Christoph Lind (Hrsg.). Tsingtau. Ein Kapitel deutscher Kolonialgeschichte in China 1897-1914. Berlin, 1998.

Hildebrand, Hans H./Albert Röhr/Hans-Otto Steinmetz (Hrsg.). Die Deutschen Kriegsschiffe. Biographien – ein Spiegel der Marinegeschichte von 1815 bis zur Gegenwart. Bd. 2. Herford, 1985.

Kieser, Egbert. Als China erwachte. Der Boxeraufstand. Esslingen, München, 1984.

Leutner, Mechthild./Klaus Mühlhahn (Hrsg.). „Musterkolonie Kiautschou": Die Expansion des Deutschen Reiches in China. Deutsch-chinesische Beziehungen 1897-1914. Eine Quellensammlung. Berlin, 1997.

Martin, Bernd. „Die Ermordung des deutschen Gesandten Clemens von Ketteler am 20. Juni 1900 in Peking und die Eskalation des `Boxerkrieges´." In: Das Deutsche Reich und der Boxeraufstand. Suanne Kuß/Bernd Martin (Hrsg.). München, 2002: 77-102.

Mühlhahn, Klaus. „Kolonialer Raum und symbolische Macht." In: Politik, Wirtschaft, Kultur: Studien zu den deutsch-chinesischen Beziehungen. Mechthild Leutner (Hrsg.). Berlin, 1996: 461-490.

Nowak, Dominik. „Der Tod des Gesandten Clemens von Ketteler". In: Kolonialkrieg in China. Mechthild Leutner/Klaus Mühlhahn (Hrsg.). Berlin, 2007: 111-117.

O´Connor, Richard. Der Boxeraufstand. Chinas blutige Tragödie. München, 1980.

Petter, Wolfgang. „Die deutsche Marine auf dem Weg nach China: Demonstration deutscher Weltgeltung". In: Das Deutsche Reich und der Boxeraufstand. Suanne Kuß/Bernd Martin (Hrsg.). München, 2002: 145-164.

Politisches Archiv des Auswärtigen Amts. Berlin. Signatur R 17974. Das Verhältnis Chinas zu Deutschland. Bd. 3. 1897-1902.

Ricardi, Hans-Günter. „Des Kaisers Schlag ins Wasser. Als Deutschland Weltmacht spielen wollte: Über ein Piratenstück in China vor hundert Jahren". In: Süddeutsche Zeitung am Wochenende, 22./23. November 1997, Seite III.

Schreeb, Hans Dieter. Hinter den Mauern von Peking. München, 2001.

Schult, Volker. „Des Kaisers Admiral: Otto von Diederichs zwischen Pazifik und Atlantik". In: Internationales Asienforum. Vol. 36, No. 1-2 (2005): 125-158.

Schult, Volker. „`Kolonie niederer Stufe´ - Das halbkoloniale China am Ende des 19. Jahrhunderts". In: Imperialismus. Praxis Geschichte Heft 2 (März 2009): 32-36.

Seyfried, Gerhard. Gelber Wind oder der Aufstand der Boxer. Berlin, 2008.

III. Südostasien

Barber, Noel. Tanamera. Der Roman Singapurs. München: Heyne, Neuaufl. 2000.

Böhm, Ekkehard. Überseehandel und Flottenbau. Hanseatische Kaufmannschaft und deutsche Seerüstung, 1879-1902. Düsseldorf, 1972.

Bundesarchiv Marinearchiv. Freiburg i.B. Signaturen RM 2/1855. Kaiserliches Marinekabinett. Kriegerische Aktionen im Ausland. 1898-1899. RM 3/4353-4356. Reichsmarineamt. Erforschung, Erwerbung von Ländern. Bde. 1-4. 1889-1904. RM 5/5954-5955. Admiralstab der Marine. Überseeische Flottenstützpunkte. Bde. 1-2. 1898-1903.

Daus, Ronald. Manila. Essay über die Karriere einer Weltstadt. Berlin, 1987.

Diederichs, Otto von. „Darstellung der Vorgänge vor Manila vom Mai bis August 1898". In: Marinerundschau, Bd. 25 (1914): 253-279.

Gemeinderat der deutschsprachigen christlichen Gemeinde (Hrsg.). Bilderbogen Singapur. Bde. 1-4. Singapur, 1984-1988.

Gottschall, Terrell D. By Order of the Kaiser. Otto von Diederichs and the Rise of the Imperial German Navy, 1865-1902. Annapolis, 2003.

Hellferich, Emil. Zur Geschichte der Firmen Behn, Meyer & Co. und Arnold Otto Meyer. Bd. 2. Hamburg, 1967.

Pohl, Friedrich. „Die Thätigkeit S.M.S. „Irene" in den Gewässern der Philippinen 1896 bis 1899". In: Marinerundschau, Bd. 13 (1902): 759-767.

Politisches Archiv des Auswärtigen Amts. Berlin. Signaturen R 2533-2538. Kolonien und Flottenstationen. Bde. 1-6. 1895-1908.

Polyglott on tour: Malaysia. München, 2005.

Schult, Volker. Wunsch und Wirklichkeit. Deutsch-philippinische Beziehungen im Kontext globaler Verflechtungen 1860-1945. Berlin, 2008.

Trask, David F. The War with Spain in 1898. New York, London, 1981.

Wionzek, Karl-Heinz (Hrsg.). Germany, the Philippines, and the Spanish-American War. Four Accounts by Officers of the Imperial German Navy. Manila, 2000.

Abbildungsverzeichnis

I. Titelseite

1 Kaiser Wilhelm II. in Tropenuniform auf seiner Orientreise in Palästina, 1898. (Ullstein Bilderdienst)

2 Der Autor Bernhard Siever in der Rub al Khali, Dezember 1987 (privat)

3 Hintergrundbild: Tropen in Singapur (privat)

II. Karten

1 Orient (Stepmap)

2 China (Stepmap)

3 Südostasien (Stepmap)

III. Zeichnungen

1 Orient (Svenja Siever)

2 China (Svenja Siever)

3 Südostasien (Svenja Siever)